Максимилијан Еренрајх-Остојић
ПОСЛЕДЊИ ШАБАТ

I0156477

Рецензент
СТОЈАН ЂОРЂИЋ

Фотографија на корицама непознатог немачког војника
Деца из Варшавскоѓ ѓета уочи уништења

МАКСИМИЛИЈАН ЕРЕНРАЈХ
ОСТОЈИЋ

ПОСЛЕДЊИ ШАБАТ

РАД

Ову књигу посвећујем жртвама расне мржње: међу њима и својим теткама – Марији Терезији Еренрајх, Фредерики Камили фон Фрумер, Еугенији Рајс-Мишелсон, стрицу Јозефу Рајсу и другу из детињства Лазару Левензону.

*Страхота и јама и замка пред тобом су,
становниче земаљски.*

Пророк Исаија 24, 17

ПОСЛЕДЊИ ШАБАТ

Пред њима се налазила само још једна ноћ. Сутон се примицао и најсјајније звезде већ су могле да се назру на тамнијем делу ведрог августовског неба. Некада су најављивале свечани почетак Шабата, дана о коме су њени родитељи, поготово деда, водили рачуна, а о који су она и Роберт, нарочито после дедине смрти, могли да се огреше. И сутрадан је на реду била субота, али овог пута она ће бити изузетна: тог дана, у осам часова, како су хрватске власти наредиле, сви они, Рапапортови, заједно са већом групом сремских Јевреја, морају неизоставно да се нађу на сабирном месту предвиђеном за њих.

Још једном је Селма погледала кроз прозор са којег су се виделе крошње дрвећа у суседном дворишту и велика површина већ тамнољубичастог неба над њима. И онда су прве звезде сјале, док је на прозору, припијена уз оца, ишчекивала да се појаве и да на очев миг отрчи мајци и саопшти јој да је време Шабата већ почело. И сада је била на истом прозору, гледала у исто небо, у исте звезде, али је овог пута Вечерњача опомињала да је крајње време да она и Роберт донесу назад једну значајну одлуку. Доба среће и безбрижности остало је далеко за њом.

Налазили су се у трпезарији њих троје, деца. Дебора је поређала пет лутака различите величине на дуги овални сто. Није јој било лако. Њој су препустили да одлучи коју ће лутку сутра да понесе са собом: сваку од њих је на свој начин волела и за сваку је имала довољно разлога да је задржи. Све су оне биле њена деца, како је једном рекла. Ипак, чинило се да јој је била најдража Мира, најмања од свих, рођендански поклон госпође Николић, њихове прве сусетке.

Фрида, изразито риђа и пегава, две године старија од Деборе, коју у том тренутку Деборине лутке уопште нису занимале, седела је и зурила испред себе, спуштених руку, озбиљна и замишљена. Кад год би је нешто тиштало, тако би седела. Старија од Деборе, била је свеснија да ће, колико сутра, у њеном животу бити све другачије.

– Мама, зашто морамо сутра да идемо – питала је јутрос за доручком.

Егон је, подбочен, читао, или се само правио да чита. И он је требало да се одлучи само за једну од књига. Молио је њу и оца да сутра понесе три књиге, али они нису пристали. Пред њим се, на столу, налазило неколико књига, углавном мањег формата. Знао је да би велике књиге запремале велики простор у ионако малом пртљагу који ће понети са собом. У рукама му се налазио *Оливер Твист*. Три године старији од Фриде, плав као Нордијац, могао је са далеко више разумевања да прати све оно што се дешавало са уласком Немаца у Земун. Знао је да је Јеврејин и да га је сада као таквог очекивало нешто чега су остали суграђани били поштеђени. Па ипак, остајао је и поред својих четрнаест година право дете.

– Шта ћемо преко целог дана да радимо? Мислим да ћу се тамо досађивати – рекао је пре неки дан свом оцу.

Ушла је у спаваћу собу. Роберт је седео на ивици брачног кревета, у коме ће још само ову ноћ заједно да преспавају. Гледао је у тепих испред себе. Знала је колики је напор морао да уложи да би се савладао и пред њом деловао смирено. Одувек је био нервознији и несигурнији од ње, али му сада није успевало да своје расположење прикрије: немир је откривала у његовим смеђим очима, у покретима његових руку и прстију, у његовом гласу.

– Шта си одлучио? – запитала га је, седајући на кревет окренута њему. Дневна светлост је већ увелико напуштала собу, а лавеж Николићкиног пса бивао све гласнији. Само су се још на великом огледалу видели одсјаји невидљивог сунца, већ потонулог негде иза Дунава.

– Јесам, Егона ћемо Вилми.

Вилма је била њена сестра од тетке, полу-Јеврејка, полу-Српкиња. Њен отац, Србин, аријевац, одавно мртав, био је онај срећни чинилац због којег његова кћерка није морала да одлази у неизвесност. За разлику од ње, она и Роберт нису могли да се позову ни на једног деду или бабу, аријевца.

– Просто ти се заврти у глави када помислиш колико нас генерација дели од Аврама – једном је Роберт рекао у шали.

– Верујеш и даље да је то најбоље решење?, рекла је. За разлику од Роберта, она се и даље двоумила. Двоумила би се и да се он одлучио за било које од њихове деце, Дебору или Фриду. Највише би волела да се сутра ни од једног детета не одвајају, или да сви троје оду Вилми, што је неизводљиво. Роберт је први предложио да децу склоне код Вилме, иако је и она имала троје деце. На жалост, Вилма и њен муж пристали су да прихвате само једно дете, оно које родитељи сами изаберу.

Роберт је у основи био разложнији од ње, иако је она била прибранија од њега. Одувек је могао да трезвеније размишља кад год би се радило о животном интересу деце или породице. – Ко зна шта нас очекује – рекао је оног дана када су почели да расправљају о томе које ће од деце да пошаљу Вилми. – Ако све нас ван куће чека иста судбина, зар није боље да бар једно од деце прође другачије?

Знала је због чега је тако расуђивао. Истину говорећи, његови аргументи су били разложни и уверљиви: Егон, старији и искуснији од Деборе и Фриде, лакше би се сналазио у ситуацији када о њему родитељи више не буду могли да се брину. Само, наслућивала је да то није био једини разлог што се определио за Егона. Нешто друго је морало да буде пресудније: околност што је Егон мушкарац, последњи Рапапорт, последњи беочуг у ланцу који је почињао од Аврама и допирао све до данашњих Рапапортових. Њихов син, најмлађи у ланцу, требало је да га по сваку цену настави.

– Наравно да верујем – одговорио је. – Дебора и Фрида су сувише нејаке да би живеле без наше бриге. Делиће нашу судбину, а Егон ће већ лакше да се снађе.

Колико би тек њој било тешко да се одвоји од својих девојчица. Ко би их умивао, облачио, чешљао? Имала је поверења у Вилму, али је и она била оптерећена својом децом. Само рођена мајка може да се стара о деци Дебориног и Фридиног узраста, поготово у приликама какве су ове.

У души, највише би волела да Дебора, најосетљивијег здравља, буде код Вилме. Живела би у кругу породице, о њој би се бирнула блиска рођака која је, уз то, сигурна је, искрено воли; у сваком случају, било би јој боље него да сутра заједно одлазе пред општину.

– Да размислимо још једном – није се предавала, све уверенија у то да би Дебора требало да замени Егона. Стиснула је Робертову руку, у нади да ће га тим гестом приволети да прихвати њен предлог.

– Само трачимо време! Већ сам ти објаснио због чега је најбоље да остане тако.

– Плашим се да се касније не кајемо што Дебору нисмо дали Вилми. Можеш само да замислиш шта нас све сутра чека. Али, Роберт је само одмахнуо руком.

– Молим те, престани већ једном. Одбрусио јој је готово љутито, уклањајући своју руку од њене.

Схватила је да је све решено, да више ништа не може да се измени и да је њој преостало једино да се са тим помири. Најзад, све је судбина, помислила је.

Ипак, Дебора јој никако није излазила из главе. Јадница! Још од самог јутра ређа лутке, посматра их, милује, неодлучна коју да изабере. У ствари, у истој је дилеми као она и Роберт.

Најрадије би заплакала, али се крајњим напором уздржа. Сетила се дана када је Дебора са високом температуром лежала у кревету, окружена луткама. И тако болесна, желела је да све лутке буду уз њу. – Биће пожртвована мајка – рекао је тада Роберт, ганут овим призором. Фрида је била другачија. И она је волела лутке, али не толико да би попут млађе сестре због њих губила главу: ипак, у њима је видела искључиво играчке, не и живе душе.

У Селми се поново јави отпор да без поговора прихвати Робертову пресуду као коначну. Грло јој се стезало.

– Тешко ми је, Роберте! Страшно сам несрећна због Деборе. Била бих мирнија да је код Вилме.

– Смири се, вечерас си нервозна, а сутра ће већ све бити лакше. Видећеш да сам био у праву. Устао је и нежно је загрлио.

Извукла се из његовог загрљаја и пришла прозору. Пред њом разређене крошње багрема и парче неба са Вечерњачом на њему. У исто доба дана пре двадесет и више година отац и деда би престајали да пуше. Поштовали су долазак Шабата, нарочито деда, унук рабина из Бродија. У ствари, отац би гасио цигарету само из обзира према њему: да није било њега, пушио би и даље. Деда, најстарији и најпобожнији, давао је тон. Због њега се сваког петка приређивала свечана вечера, због њега су се пре, за време и после обеда молили и каткад слушали дедине приче о краљици Шабата и Месији који ће се једног петка после заласка сунца као прави просјак појавити међу људима и закуцати на врата оног који га са највише нестрпљења ишчекује. Све ће тада бити другачије, говорио је, обраћајући се најмлађима, мада није могао да објасни како и зашто. Била је то ствар његове вере, његовог заноса. Видео је оно што нико од њих није могао или није био спреман да види. На сто, на дедино инсистирање, увек петком, за вечером, стављала се посебна чаша за вино, лепша од свих, одређена само за Месију када се једне вечери или за сам Седер појави. Тешку кристалну чашу, купљену у Венецији, љубичастог руба, деда је као праву светињу чувао у витрини на средишном, почасном месту. Сваког петка после подне вадио је чашу и лично је брижљиво прао и брисао посебном крпом за судове од финог платна и онда препуштао мајци да је она стави на сто, већ припремљен за вечеру.

Ко зна, говорио је, Месија може да изабере Земун и да закуца баш на њихова врата. Знала је да се он не шали. Можда је у оно време и она донекле веровала у дедина казивања, иако ју је нешто збуњивало: зар је свет био тако рђав да је Месија морао да га спасава? Велико, право зло за њу је тада било нешто непојмљиво, зато и непостојеће.

Када добро размисли, Шабату своје младости није се много радовала. Осећала је да је то изузетан дан, али никако није могла у пуној мери да схвати дедину занесеност њиме, даном у коме време као да је успоравало свој ход а многе ствари мењале привремено своју природу и суштину, поготово оне најприсније. Шабат јој се одувек чинио помало неприродним стањем, нека врста присиле која је без довољног разлога ограничавала њену слободу и приморавала је да се својим понашањем саобрази правилима у чију оправданост није много веровала. У основи, за Шабат се редовно досађивала, иако се трудила да никаквим поступком не поквари дедино расположење које се јасно огледало на његовом лицу. Због чега се Шабат стално понавља, због чега Месија никако да дође? За разлику од деде, искључивала је могућност да једне вечери Месија закуца баш на њихова врата, а ако једном и дође, веровала је онда, појавиће се свакако на другом месту и у некој другој земљи.

Понекад би јој било готово жао што јој недостаје права вера у дан у коме се, како је деда уверавао своје унуке, и сам Бог одмара и у коме се људи под дејством неке чудне силе обнављају и крепе. Било је и дана када је, видећи деду како се петком увече враћа из синагоге, помирен са собом и својом судбином, поглед у коме је откривала доброту праштања и страст ишчекивања, могла је безмало да све то схвати и прихвати за истину, чак и да се за тренутак одушеви, поведе за неким чудним осећањем. На жалост, такво расположење не би је дуго држало: већ сутрадан би се пренула као из неке обамрлости, свесна свих ограничења која је Шабат са собом доносио.

У суштини, није се радовала самом Шабату, већ оном тренутку када ће у суботу по заласку сунца, на ведром небу, угледати прве звезде које су најављивале крај изузетног дана и крај ишчекивања да ће бар идућих седам дана Месија походити свет. Ни о оцу није имала илузије. Често је заједно са њом стајао на прозору у ишчекивању првих звезда. Знала је да не стоји зато да би, попут деде, одао почаст Шабату, када се петком приближавао, и када је суботом одлазио као неки невидљиви путник у узвишена тајанства ноћи. Крај Шабата био је за оца крај забране да пуши. – Тата, идем по цигарете! – узвикнула би после првих звезда, весника да је Шабат прошао, пресрећна што оцу може да донесе упаљач и цигарете, који су суботом лежали на његовом писаћем столу.

Откако се удала, она и Роберт су све мање водили рачуна о Шабату. Само су се понекад подсећали на тај дан. Али, сада, последњег Шабата који ће провести у свом стану, сетила се упечатљивије него икад деде, његове благости и његових очију, у којима је, поготово петком увече, читала наду која га је чудесно преображавала. Веровао је у долазак који треба да измени судбину не само Јевреја већ и других људи, покушавао је без насиља да своју веру и наду пренесе на све своје унуке. Само, она није могла да буде као он. Дедина чаша са љубичастим рубом, намењена Месији, налазила се код ње у витрини, на истом месту. Деда је завештао оцу а отац Леону, свом сину. Али, Леон је није понео са собом када је две године пред рат кренуо за Канаду. Оставио је њој, сестри. – Нека остане у витрини – рекао је када су се после очеве смрти договарали како да поделе намештај и ствари родитеља. – Можда ће ти затребати ако Месија једног петка дође. Рекао је то готово у иронији. У оно време Леон је у Месију још мање веровао од ње.

Међутим, тек сада, гледајући небо како се осипа звездама, схватила је са закашњењем лепоту и смисао оног што је деду опијало, све уверенија у то да он, да је жив, ни у овим тренуцима не би губио наду и препуштао се очајању какво њу сада обузима. Данас је, бар за њу, све касно да би могла да се нада избављењу, судбинском преокрету. Све има своје време чак и време избављења: уверена је да сутрашњи одлазак ништа не може да спречи ни да одложи. Било би све исто као и свих претходних сутона у петак: ноћ се полако спуштала, а сутра ће, са Месијом или без њега, по ко зна који пут опет бити субота, дан седми, како је деда тај дан називао.

Када се одвојила од прозора, Роберт је и даље седео на ивици кревета, са главом у рукама. Видела је по његовом изгледу и његовом држању да је и он, као и она, боравио у својој прошлости и, безсумње, попут бродоломника покушавао да се ухвати за неку олупину која је пловила његовим сећањем. Једна од њих је можда био и Шабат његове младости.

Изашла је из собе да потражи децу. Дебора се и даље бавила луткама, док су Фрида и Егон, очигледно, били испуњени истом зебњом као и она. Све је њих чекао сутрашњи дан, субота, само неизвеснија и страхотнија од свих претходних. И сутра, пред вече, палиће се звезде на истом парчету неба, али у овом стану неће бити никог да их са прозора посматра, помислила је, чак и да се сам Месија однекуд појави.

ЈУЛИЈА

Прошло је отада четири деценије. Зграда у Доситејевој, у којој и данас станујем, променила се мало у поређењу са мном: сива солидна фасада тек нешто потамнела, готово нетакнута од силних бомби и граната које су се током рата сручиле на улице и зграде Београда. Време је њу, бар споља, поштедело, што се не може рећи и за њене некад комфорне станове, још мање за станаре. У њој још од пре рата станују само две породице: ја са женом и кћерком и госпођа Татић са својим сином, снахом и унуцима. Време ратно и време поратно учинило је своје: поиграло се са људским судбинама онако како само живот може да се поигра.

Ко све ту није становао, како су сви они из простора ове зграде ишчезавали? Покушавам да се вратим у прошлост, али сам свестан тога да моје памћење не може да изиђе на крај са мноштвом ликова и породица који су попут дуге поворке мојим сећањем продефиловали и да у њој тек можда сваког другог или трећег могу да се сетим. Међутим, има ликова и судбина које, чини ми се, не бих могао да заборавим чак и да је у људској моћи да из свог сећања прогна потпуно оно што се жели по сваку цену да заборави. Једна од таквих судбина је и Јулијина.

И њени и моји родитељи доселили су се готово истовремено у ову тек довршену кућу: Франкелови на први, ми, Златари, на други спрат. Имао сам тада можда петнаест година, колико и Јулија, девојка

17

праве црне косе која је, како сам испрва имао утисак, само још више наглашавала извесну оштрину њеног лица, егзотичност њених помало косих очију и готово неприродно праву линију њеног носа. У прво време није ми запала за око иако смо се често сретали, у ходнику чији су зидови све до половине били обложени мермером, или испред куће: чинила ми се преозбиљном за своје године, чак и готово нападно охолом. Осим тога, не знам због чега, одувек сам подозревао од косих очију. Тек касније, када смо почели као житељи исте куће да се једно другом јављамо и измењујемо по коју реч у пролазу, открио сам да је ова девојка са првог спрата, упркос својим косим очима, а можда и управо због њих, веома привлачна. У ствари, требало је да прође доста времена да бих схватио да је све оно што ми се у први мах на њој чинило одбојним у основи било разлог што ми се касније чинила привлачном. Јулија је била јединица Рут и Захарије Франкела, сувласника једне грађевинске фирме.

У новој четвороспратници у Доситејевој и ми и Франкелови у нечему смо се разликовали од осталих укућана: једини смо били Јевреји. Истина, ја сам се родио као хришћанин, православац, али су зато моји родитељи још рођењем били Јевреји. Верили су се као Јевреји, али су на наваљивање мог оца променили веру уочи самог венчања и као покрштени Београђани венчали се у Вознесењској цркви. Истовремено су променили презиме и реч Голднер изменили у Златар. Никада нисам сазнао прави разлог што су родитељи одлучили да промене веру и са пуно жара прихвате нову. Када се у мени, много касније, јавила знатижеља да осветлим лавиринте свог порекла, било је већ касно: моји родитељи су у међувремену умрли у иностранству, а сестра, која је заједно са њима пред рат напустила земљу, о нашим прецима није знала ништа више од мене. Прошлост Голднерових и Рајсових, родитеља моје мајке, остала је за мене затворена књига.

Осећао сам се Србином и као такав се изјашњавао у гимназији. Славили смо Светог Николу, славу Тихомира Ацковића, очевог ортака, који је мојим родитељима био кум и на крштењу и на венчању. Славу смо редовно одржавали, и мајка је, како сам запазио, сваке године са све већим жаром одржавала тај свечарски дан. Долазио је и свештеник из цркве Александра Невског да освети и пресече славски колач, а сутрадан смо славили и патерице. Нема сумње, родитељи су се здушно трудили да забораве своје порекло, поготово када је Хитлер дошао на власт, чак и по цену да се замере својим пријатељима Јеврејима из дана своје младости. Ваљда су се из истог разлога још од самог усељења држали доста резервисано према Франкеловима: нису показивали ни најмању жељу да са овом добро стојећом породицом успоставе везе присније него са осталим станарима.

Био сам до извесне мере свестан свог порекла мада су родитељи настојали да истину о себи и сестри у најмању руку бар прећуте. Само, ни мени, у прво време, није било претерано стало да се ближе упознам са својим родословљем, ваљда зато што сам се већ довољно осећао Србином. Требало је, тако сам слутио, побећи што даље од истине о себи, јер је она могла у много чему да ме угрози. Ипак, нешто ме је спречавало да своје бекство од презимена успешно остварим: биле су то физиономије моје мајке и сестре, њихов повијен нос, њихова коврџава кестењасторића коса, њихове очи. Од њих нисам могао да побегнем јер су ме непрекидно подсећале да је пре Златара постојао Голднер, пре Светог Николе Песах и Јом Кипур.

Мој отац није из простране библиотеке уклонио све књиге на хебрејском, по свему судећи из дубоког пијетета према својим родитељима. Њих није могао никако да се отараси: у последњем, најнеупадљивијем реду било је поређано десетак књига, међу којима се највише истицао Талмуд из 1756. године. Још као дечака привлачила ме је ова гломазна црвена књига, више од осталих. Понекад сам је узимао у руке, дивио се чудним, неразумљивим златним словима на њеним корицама, отварао је насумице, немоћан да у њој било шта дешифрујем. Отац се није потрудио да ме бар донекле упути у тајне овог писма, вероватно из бојазни да у мени не подстакне радозналост према ономе са чиме су он и мајка желели да раскрсте, али није ни покушавао да ме од књига на хебрејском одврати, препуштајући догађајима или само случају како ћу се ја према њима односити. Нисам могао да останем сасвим равнодушан: слутио сам да све сачуване књиге, посебно она велика, са црвеним корицама, говоре о нечему значајном, нечему што се тиче прошлости мојих родитеља а самим тим и прошлости али и будућности мене самог, и да овим књигама отац није поклањао готово никакву пажњу само зато да ја и сестра не бисмо докучили праву истину о нашој породици. Укратко, релативно сам рано схватио да су моји родитељи били Јевреји којима је, не знам због чега, веома стало да то не буду или бар да то сакрију.

Осим носа и помало риђе косе моје мајке и сестре, као сведоци мог правог порекла били су и рођаци и пријатељи родитеља: и они су доприносили томе да поступно али све јасније долазим до истине о Златарима. Исак Израел, очев најприснији друг још из основне школе, односио се према нама, Златарима, као према Јеврејима који се својим преласком у другу веру уопште нису изменили, док сам из разговора са тетком Алмом из Беча и стрицем Јозефом из Букурешта схватио да се свог јеврејства они уопште нису одрекли. Зато се нисам нимало изненадио када ме је неколико година уочи рата један од мојих школских другова запитао: – Да ли је истина да су твоји родитељи Јевреји?

Требало је да прођу бар две године по усељењу у ову кућу да бих најзад сазнао да су и Јулијини родитељи Јевреји. Ово сазнање било је од извесног значаја за моје држање према овој девојци: готово одједном је за мене постала још привлачнија, особенија, тајанственија. Да ли само зато што сам схватио да мене и Јулију зближава нешто далеко значајније од околности што станујемо под истим кровом?

Бесумње, разликовао сам се од својих родитеља, јер нисам желео да по сваку цену затварам очи пред самим собом, иако за мене ново презиме родитеља и моја званична вера нису представљале било какво ограничење: нову веру сам прихватио, али се нисам мирио да ону другу, претходну, искључим сасвим из своје свести и својих осећања. У неку руку, био сам Србин који није престао да буде Јеврејин; и то је био довољан разлог да се у гимназији осећам неугодно пред својим друговима из разреда Хаимом Нисимом и Рубеном Калдероном: на часу веронауке они, Јевреји, напуштали су учионицу а ја сам, православац, остајао.

Почео сам да прижељкујем сусрете са Јулијом, а када су жељени сусрети изостали, онда сам одлучио да то не препустим пуком случају: излазио сам из куће у време када је требало да се враћа из Друге женске гимназије, у црној кецељи са белом крагном и беретком. Нисам презао ни од тога да је сачекујем на угловима улица којима је, како сам претпостављао, требало да прође, спреман да својим лицем и држањем одглумим изненађење особе која се таквом сусрету није надала. У прво време, на такве сусрете сам вребао у нашој улици, у близини куће, где је, како сам претпостављао, требало да прође. Мимоишли смо се неколико пута. Срце би ми заиграло када бих је још из даљине угледао и готово се збунио када би ми отпоздравила са осмејком на лицу, у коме нисам могао да откријем ништа друго сем равнодушности девојке која уопште не хаје за мене. Наду нисам губио: режирао сам случајне сусрете, али не више у Доситејевој већ на Теразијама, пошто никако нисам желео да стекне утисак да иза таквих виђења, уместо случаја, стоји моја намера, моје лукавство. Срели смо се неколико пута, на простору од Колосеума до Балкана, и редовно бих од узбуђења поцрвенео. Приметила би ме једино када није била у друштву школских другарица које су се са њом враћале истим путем. Онда сам одлучио да престанем са тим, јер сам на крају схватио да се раздаљина између мене и ње не скраћује бројем сусрета, већ нечим другим. А за то је мени недостајала одважност.

Упркос томе, нисам губио наду. И даље сам ишчекивао тренутке да је видим, само сада на игранкама уместо на улици. Одлазио сам у Инжињерски дом, Аеро-серкл или Другу женску гимназију када би се у њој приређивала игранка, увек у нади да ћу је најзад угледати и с њом заиграти. Но, сва ова трагања и ишчекивања завршавала су се без резултата: ван куће Јулија је за мене остајала невидљива, неухватљива.

Једног недељног поподнева обрео сам се у дворани *Ураније*. Давао се нови филм са Клерком Геблом. У оно време необично сам волео биоскоп. То је био за мене изузетан доживљај, готово као одлазак у неку врсту светилишта: пратећи судбину филмских јунака често сам, поистовећујући се са њиховом драмом, имао утисак да се моје време преплиће са њиховим, а у тренуцима највећег заноса готово да нисам бивао свестан разлике између сопственог живота и живота личности на екрану. Бесумње, били су то у оно доба моји најлепши тренуци, утолико лепши уколико је филм био узбудљивији, или уколико сам себе више препознавао било у самој причи било у некој од њених личности – препознавао себе негде и у својој далекој будућности.

Тог поподнева ушао сам у дворану *Ураније* међу првима. Музика је већ трештала, подгревајући још више атмосферу ишчекивања. Посматрао сам како се редови испред мене попуњавају, трагао за познатим лицима и у једном тренутку дах ми је застао: Јулија! Пробијала се кроз трећи ред испред мене. Није била сама: ишла је са мушкарцем знатно старијим од нас, високим, тамнокосим, упадљиво елегантним. Носио је наочаре са златним оквирима.

Познанство новијег датума, које не мора да буде нешто озбиљније, покушавао сам да сам себе уверим, свестан колико таква претпоставка може да буде неоснована и произвољна.

Приметно разочаран, зурио сам у њих, више у њега него у њу. Понашали су се онако како долику-је онима који су се тек упознали. У оних неколико минута пред почетак филма Јулијин пратилац је готово непрестано говорио, без видљивог гестикули-рања, не приносећи превише своје лице њеном: за то време Јулија га је помно слушала, одавајући сво-јим држањем да са живим интересовањем прати свог сабеседника. Још ништа нема међу њима, по-мислио сам, али знајући да то може да буде тек по-четак једне присније, трајније везе у коју већ сада Јулија уноси више осећања и топлине од мушкарца поред ње.

Недељу дана касније поново сам их видео. Овог пута у Симиној, у сумраку. Корачали су лаганим, усклађеним, готово ритмичким кораком, како са-мо заљубљени ходају, чијим кретањем, рекло би се, управља више осећање него свест. Романса је већ почела, закључио сам пун горчине, уверен да је све могло да буде другачије да сам имао само мало ви-ше смелости.

Ништа ми друго није преостало него да следе-ћих дана будем сведок једног тока који се одвијао независно од мојих нада и жеља: сретао сам их све чешће, а Јулијиног пратиоца, младића отменог држа-ња, почео сам ускоро да виђам како улази или изла-зи из наше куће, сам или са њом, увек елегантан и увек, како ми се чинило, преозбиљан за своје годи-не. Негде почетком 1939. сазнао сам преко сина го-спође Татић да се Јулија верила и да јој је вереник Јеврејин, син веома имућних родитеља.

Њена веридба није за мене била разлог да за њом престанем да чезнем или да почнем да је мрзим. И даље ми се свиђала, и даље сам и њу и њене роди-теље са истом љубазношћу поздрављао, а понекад бих у ходнику или испред куће са Јулијом измењао и понеку реч, што се раније није догађало. Једном, када смо се готово сударили у капији, упознала ме са својим вереником. – Алберте – рекла је представљајући ме њему – наш сусед са трећег спрата. И он је студент. Није знала ни моје име, а камоли презиме. Хтела је да представи и свог вереника. Али, он ју је предухитрио: – Гросман – рекао је гласом који ми је зазвучао готово пискаво. И ја и Јулија били смо студенти четврте године: она је студирала енглеску књижевност, ја права.

У Европи је бивало све неизвесније. Свој освајачки поход Хитлер је са успехом остваривао: после Аустрије, Чехословачка, а затим је, очигледно, на ред долазила Пољска. Мој отац, рођени Бечлија, већ се успаничио. Једног дана, за недељним ручком, када смо се сви окупили, упознао нас је са својим плановима. Европа постаје све несигурнија, нарочито после заузимања Чехословачке. Није искључено, уверавао нас је, да дође ред и на Југославију. У сваком случају, ризично је живети у близини Хитлерове Немачке, због чега треба размишљати о пресељењу у неки другу земљу, далеко не само од Немачке већ и од Европе, на пример у Чиле. Отац није случајно поменуо ову земљу коју сам познавао само преко поштанских марака: већ двадесет година у њој је боравио мој стриц, очев брат, сувласник једне велике млекаре, а океан, отац је расуђивао, није морао да буде разлог да се и ми не придружимо стрицу, поготово што нас је он саветовао да тако поступимо.

Ни ја, ни мајка, ни сестра нисмо били одушевљени очевим плановима, свако из свог разлога. У оно време Хитлер је, бар за мене, био превасходно оличење једног идеолошког зла које је, додуше узгред погађало и Јевреје: читао сам и слушао како Јевреје у Немачкој злостављају, али за мене то још није био довољан разлог да се ми, Златари, осетимо толико угрожени да нам ништа друго није преостајало него да се селимо на други континент. Недостајало ми је очево искуство, његово чуло да предосети кризе и опасност чак и када су далеко, недостајао његов инстинкт за дешифровање знакова времена, који је, код њега, Јеврејина, морао да буде развијенији него код других: док сам ја веровао у апсолутну надмоћ Француске, Енглеске, Русије и Америке, за мог оца то још није било и сигурно јемство за безбрижан живот, поготово Јевреја. Истинска сигурност било је њему страно осећање, непознато стање.

Отац је морао да уложи много напора и стрпљења у савлађивању мајчиног и сестриног отпора. Са мном је било далеко теже: одлучно сам се противио одласку на други континент, поготово у Чиле, јер ми се очев страх од Немаца чинио неоснованим, а моје илузије о нашој безбедности у Југославији довољно реалним, основаним. Али, отац није попуштао. Моје противљење приморавало га је да прибегава свакојакој аргументацији, понајвише историјској: подсећао је на велике погроме у Русији, Пољској, Шпанији и средњовековној Немачкој, говорио о варљивостима мира, апсурдима и неизвесностима уколико се понови рат сличан оном из 1914. Аншлус и Чехословачка су га коначно ослободили једне заблуде, пробудиле из летаргије, враћали вечитој истини о себи и народу од чије судбине, и када бисмо желели, не можемо да утекнемо. У суштини, тешка срца је увиђао да су он и мајка остајали оно што су одувек били, мада су Светог Николу увели у свој дом а пасхалне празнике заменили ускршњим: први пут ми је отворено ставио до знања истину о нашем пореклу, саопштио да у овом свету остајемо Јевреји без обзира што смо се као Златари своје историје одрекли.

Мајка и сестра су на крају попустиле, ја нисам. Развој догађаја, напад Немаца на Пољску и улазак Француске и Енглеске у рат убрзали су одлазак свих Златара осим мене: априла 1940. отац, мајка и сестра отпутовали су преко Ђенове за Чиле. На растанку, родитеље сам уверавао да ћу им се неизоставно придружити уколико се ситуација у Европи још више погорша а опасност од Немаца увећа.

Нисам био незбринут, јер осим стана у етажној својини отац ми је оставио довољно новца у банци да завршим факултет уколико се до тада не запослим. У основи, такав расплет сам прижељкивао, јер сам независност ценио више од свега.

Након растанка, све је почело да се драматично убрзава. Прво је, на моју огромну жалост, пропала Француска, а негде августа исте године напрасно је умро Јулијин отац. Његова смрт довела ме је први пут на Јеврејско гробље, где је Захарија Франкел требало да буде сахрањен а где су лежали посмртни остаци Стефана и Розе Рајс, родитеља моје мајке. Тек пред сам одлазак мајка ме је упознала са тим и наложила ми да се убудуће старам о њиховом гробу.

Чини ми се да је Јулију очева смрт задесила у најсрећнијем раздобљу њеног живота. Како се само препородила, пролепшала откад се верила: оно што је некада на њеном лицу могло да оставља утисак помало оштрог, хладног и зато помало одбојног сада је ишчезло, добило мекше, пуније, животније облике, њене нешто косе очи, некад преозбиљне, одједном су живнуле, осветљене радошћу и оптимизмом. У таквом преображају није могло да буде икакве тајне: само потпуна љубав била је кадра да девојку као Јулију толико измени.

На гробљу Алберт је био стално уз њу, бледу, уплакану. С времена на време нежно би је загрлио из страха да се не сруши; себе је већ сматрао за најближег члана Јулијине породице. За то време рабин је читао молитву за умрле, у којој ниједну реч нисам могао да разумем али која ме није остављала равнодушним. У том мелодичном говору који је допирао само до мог слуха било је ипак нечег што се дотицало мојих осећања, мог бића, откривао сам нешто више од речи: можда је управо тада проговорила у мени једна вера, иста она која је прожимала и надахњивала и моје претке, приморане да се толико времена одупиру непрекидном страху од смрти и уништења и никада их, чак и у изгубљеним ситуацијама, није напуштала. И, тако, стојећи готово једини од мушкараца гологлав крај гроба Захарија Франкела, први пут сам се суочио са собом, човеком који је све до тада водио заправо живот под не сасвим истинитим идентитетом. Ипак, ни тих тренутака на гробљу нисам осетио ни потребу ни обавезу да тај раскорак у самом себи једним личним напором исправим или отклоним: Јевреји, тако сам и даље осећао и расуђивао, били су други, ти људи око мене, тужних физиономија, који су можда још тада почели да стрепе од своје судбине, предосећају, као њихови преци, близину трагедије, патње: иако се у мени нешто пробудило и даље сам желео да самог себе уверавам да као Златар немам разлога да се сасвим поистовећујем са њиховом судбином.

Јулија је неко време носила црнину која њену лепоту ни најмање није нарушавала. Сретали смо се чешће него раније, али овог пута сусрете нисам планирао. Постала је приснија, предусретљивија – да ли само зато што сам се и ја нашао међу онима који су њеног оца испратили до гроба? Чак смо и разговарали, додиривали тему која је за њу морала да буде изузетно осетљива: судбина Јевреја у Немачкој и Аустрији. У то време, закључио сам, још није сазнала за моје право порекло: био сам за њу и даље само студент, станар исте куће, младић без имена и презимена.

Крајем 1940. запослио сам се у министарству финансија, захваљујући заузимању очевог пријатеља, угледног Београђанина коме је била позната историја имена Златар. А већ неколико месеци касније било је сваком јасно да ће се рат проширити и на Југославију: 27. март је био само увод, 6. април више но почетак катастрофе.

Истог дана, после првог немачког бомбардовања, побегао сам у Остружницу, код имућног домаћина који нас је готово пуних десет година снабдевао млеком. Сматрали смо га готово за породичног пријатеља, иако је пред сам одлазак мојих родитеља и моје сестре престао да нас снабдева. Недељу дана касније вратио сам се необријан, запуштен и потиштен: претња која ми се све до недавно чинила више теоретском него реалном, одједном је постала моја немирна свакодневица. Више нисам могао да живим у заблуди: Немци су се потрудили да је разбију – био сам Јеврејин, без обзира како сам се осећао и како сам се изјашњавао.

Бомбе нису такле нашу кућу. За све време бомбардовања, како ме је обавестила госпођа Татић, Франкелови су остали у стану. Нису се бојали за живот. А два дана касније сазнао сам од господина Барловца, суседа са истог спрата, да је Јулијин вереник, резервни потпоручник, погинуо код Алексинца. Истог дана прочитао сам прву наредбу окупатора: под претњом смртне казна заповедао је Јеврејима да се пријаве а за Јевреје сматрао је и оне чији су родитељи променили веру. Било је касно да бежим.

Ништа ми друго није преостало него да и даље одлазим на посао у министарство. Нисам имао разлога да прекидам са радом пошто сам одлучио да се не пријављујем као Јеврејин, иако сам се излагао ризику од смртне казне: очеви и мајчини најбољи пријатељи, Срби, знали су за наше порекло, али надао сам се да ће то остати истина само за њих. Био сам сигуран да о томе нико из моје куће није знао. Чак ни Јулија и њена мајка.

Десетак дана по саопштењу Немаца срео сам Јулију испред куће, први пут откад су Немци освојили Београд. Носила је жуту траку. Како се изменила! Омршавела, испијена, потиштена. Да ли је то жалила погибију свог вереника или је, обележена жигом свог народа, страховала за своју будућност, жалила за безбрижним данима своје младости? Иако тако измењена, готово поружнела, није престала да ме опседа.

Почели смо да се виђамо. Бесумње, пресудно је било што сам јој открио истину о свом пореклу. Нисам се плашио, свестан тога да својим рискантним признањем успостављам не само приснију везу са њом већ и да задобијам њено поверење. Међутим, састајање, бар у прво време, огледало се само у томе што сам је свако јутро пратио до Скендербегове, где је са бројним Јеврејкама до касно поподне радила тешке или понижавајуће послове. Био је то и разлог што сам после тога морао редовно да се извињавам свом шефу због осетног кашњења на посао. Нисам је сачекивао при повратку кући само зато што се није знало где ће тог дана да ради и када ће је пустити. Али, зато ништа није могло да ме спречи да предвече не зазвоним на врата Франкелових.

Заљубио сам се, а моја заљубљеност расла је утолико више уколико су ишчезавале последње препреке које су још могле да нас раздвајају, међу њима и Јулијин бол за Албертом. Време је радило за мене: ускоро сам могао да схватим да се између мене и Јулије готово ништа није налазило до оно што смо ми сами, наша осећања, наша судбина. Било је часова када ми се све то чинило нестварним, несхватљивим: живот и време, чудним стицајем околности, уклонили су по крајње сурову цену све препреке око нас и нагнали нас да се окренемо једно другом и једно у другом видимо све што нам је још преостало.

Моја савест није била сасвим чиста. Нешто ју је нагризало. Није то била искључиво помисао на Алберта, на смрт која га је уклонила као мог супарника. Постојало је још нешто: свест о Јулијиној неравноправности, чињеница да је морала да носи жуту траку и излаже се свим опасностима и непријатностима, док сам ја, ништа мање Јеврејин од ње, свега тога био поштеђен. Знао сам како је ова неравноправност могла да се уклони: требало је да се и ја пријавим као Јеврејин, да се жута трака са Давидовом звездом нађе на мојој руци или на мојим прсима, попут Јулије да сагињем главу пред сажаљивим или злурадим погледима пролазника и попут ње са крајњом зебњом ишчекујем свако јутро. Можда сам је зато и толико заволео. Можда је моја љубав према њој била откупљење за мој кукавичлук.

Почела је да долази к мени, обично увече. Престала је да води рачуна о томе шта би помислили укућани, госпођа Барловац или госпођа Кондић са другог спрата, уколико би је видели на мојим вратима. Време је ломило њене раније обзире, ослобађало предрасуда, припремало је да се без икаквих илузија окреће животу, и тада би, седећи загрљени на софи, слушали кроз отворен прозор брујање мотора немачких војних аутомобила који су се пели уз Доситејеву или ослушкивали гласове који су чудно одјекивали кроз летњу ноћ, испуњени и жељом и надом да у свему томе откријемо и нешто друго осим разлога за безнађе и очајање.

Слушали смо и радио, пуштали грамофон. Нисмо осећали потребу да разговарамо, свесни да су у нашој ситуацији речи биле излишне. Било је сасвим довољно што смо у оваквим тренуцима знали да припадамо једно другом, да се у нашем ћутању и додиру руку садржавало више речи него у било којој изговореној реченици. Са стрепњом и тугом смо слушали вести са Источног фронта, свесни тога да са незаустављивим напредовањем Немаца нестаје наде да ће сав овај ужас око нас и у нама самима икада ишчезнути. Борбе у Русији биле су наша последња сламка. Али, глас спикера није доносио никакве наде: саопштавао је само о заробљеним и убијеним руским војницима, уништеним тенковима, освојеним градовима. Па ипак, нешто у нама супротстављало се томе да све ове неповољне вести прихватимо као непобитан, коначан доказ о поразу Руса, али и поразу нас самих: прибијали смо се тада још више једно уз друго, рекло би се само зато да бисмо се уверили да у том паклу и безнађу и даље постојимо, да је то још једино у шта у овом свету верујемо.

Понекад је музика могла да нас за часак смири, прекрије попут вела све наше страхове и душевне ране, поготово неки Вивалдијев или Бахов адађо после живахног алегра и преста. Слушали смо га помно, отворена срца, жељни да у том лаганом, узбудљивом промицању тонова и хармоније окрепимо своје наде, нађемо разлог да непоколебљиво поверујемо да су све наше зебње, сви наши страхови само нестварни одсјаји наших тешких сновиђења и да ће нас лепота музике, од свег овог кошмара заувек да ослободи. Али, адађо, тај кратки узлет звездама које смо кроз отворени прозор замрачене собе могли да видимо, тај часак обмане о избављењу, неминовно се завршавао и нама затим ништа друго није преостајало до да се, испуњени свим неспокојима и слутњама, препустимо још више заједничком очајању, потражимо утеху у загрљају.

Понекад бисмо и заиграли, најчешће на њено инсистирање. Музику за игру волела је више од мене, нарочито ону лагану. Та музика коју смо слушали и уз коју смо безбрижно играли још пре неколико месеци чинила се сада као давна, срећна прошлост. Најрадије смо пуштали Лондон: промукли глас Луиса Армстронга, распевани кларинет Бени Гудмана, меланхолични шапат дирки Дјука Елингтона, пркосили су раздаљини, зидовима, Немцима, истовремено нам казујући да осим рата, првих оскудица, сталне несигурности, има ипак и наше наде, наше младости и наше жудње за њом. Али, то не би дуго трајало: обично је Јулија прва западала у малодушност и гасила радио, јер је у свему томе на крају откривала повод да се осети још несрећнијом, бризнувши у плач који ју је дуго држао. И ја сам се тада осећао ништа мање несрећним, свестан тога да као Јевреји ја и Јулија у овој несрећи нисмо били равноправни. Љубав нас је уједињавала, жута трака раздвајала.

Лето је брзо прошло, а јесен није доносила никакве наде. Ни ја ни Јулија спасење нисмо очекивали од Месије, као што су можда очекивале Рут Франкел и њена верна пријатељица Елза Грос, чији се син крајем августа одазвао позиву Немаца да дође у сабиралиште код Топовских шупа и о коме од тог дана више није имала никаквих вести. Нас двоје смо спасење очекивали искључиво са истока, од победе руских армија, упркос томе што су се непрестано повлачиле: остајала је нада, вера у чудо, у обрт који нико није могао да предвиди, али који је, упркос свакој логици, могао ипак да се догоди.

Јулија је и даље одлазила на принудни, понижавајући рад. Али, то није разједало њену душу. Разједало је нешто друго: неизвесност која је из дана у дан постајала све неподношљивија. Предосећала је да такво стање неће још дуго да потраје, да је то можда тек увод у још теже страдање. Са рада се враћала све потиштенија, немирнија због вести које су међу Јеврејкама кружиле: једне су наговештавале да ће их пре краја јесени све преселити у Пољску и Украјину, друге – да ће их пребацити у Банат, треће – да ће их по кратком поступку све од реда побити.

Слабила је. Ја и Рут смо је преклињали да више једе. Храна још није постала проблем. Њена мајка је имала довољно новца да набави готово све што је неопходно, али ништа није могло да поврати Јулијин апетит. Вечерао сам често код њих само зато да бих је упорно молио да поједе бар половину од онога што јој је мајка стављала у тањир. Јели смо у скупоценој трпезарији са брижљиво постављеним столом, из мајсенских тањира. Рут је свим силама настојала да угоди Јулији и да јој бар за столом омогући илузију да се у њеном животу ништа битније није изменило. А петком увече, даном када почиње Шабат, трудила се да вечера буде свечанија него обично и да се на столу нађе чаша из које нико није пио, јер је она, како је у своје време одлучио покојни Захарија Франкел, намењена искључиво за поздрав избавитељу јеврејског народа, уколико се он једног дана, и то управо за вечером у петак, најзад појави после толиког оклевања и ћутања. У ствари тек у дому Франкелових дочекао сам и доживео први Шабат у свом животу, осетио сву његову узвишеност и сав његов значај, али и схватио колико је мој положај другачији од судбине ове две Јеврејке које су у својој побожности морале далеко да заостају за старим Захаријом.

Код Франкелових први пут у животу дочекао сам још један празнични дан: Рош Хашану, Нову, 5701. годину по мојсијевском календару. За то вече Рут је учинила све што су јој околности и средства дозвољавали: осим меса и вина, набавила је и неколико јабука и нешто меда и умесила колач сличан оном што је и моја мајка за хришћанску Нову годину припремала. На столу, у масивној сребрној менори са седам кракова гореле су само три свеће. Више их није било, а целе свеће Рут није желела да преполови.

Вечерали смо уз пламен свећа са ролетнама спуштеним из предострожности. И за ову прилику Рут је у име нас троје наздравила са чашом у руци години која смењује стару, али прекршивши завет Захарије Франкела: пила је из чаше намењене искључиво за Месију ако се једног петка или једне Нове године појави међу Јеврејима. Да ли је то Рут чинила из крајњег очајања, у нади да ће управо пијењем из Месијине чаше убрзати његов долазак или пак радикално изменити њену и Јулијину ситуацију? Пошто је испила из посвећене чаше, Рут је умочила комад јабуке у чинијицу са медом и затим бризнула у плач. Тек много касније, када су јеврејски празници и обичаји престали да буду за мене тајна, схватио сам због чега је те вечери Јулијина мајка заплакала: јабуком замоченом у мед она је молила Творца да њој и њеној кћерци Нова година буде мање чемерна од старе.

Средином октобра престала је да одлази на принудни рад. Тако су Немци одлучили без икаквог објашњења. Јулија се томе није обрадовала: слутила је да је то само предах у суровој игри, замишљеној тако да Јевреји у сваком случају буду изиграна страна. Шта је сада на реду, размишљали смо сво троје, свесни тога да принудни рад, ма колико понижавајући, није за Јевреје морао да буде и оно најгоре: до тада су бар живели у свом стану, што им је бар стварало илузију да се осећају донекле заштићени, упркос свим ограничењима и шиканирањима.

Био сам спреман да са Јулијом и њеном мајком делим сва њихова искушења и све њихове тешкоће, али нисам био спреман да се пријавим Немцима, обележим знаком који би ме неминовно искључивао из друштва можда и из живота. Размишљао сам о томе да сви троје покушамо да побегнемо у Сплит, као што је тог августа пошло за руком Готлибовима, присним пријатељима Франкелових. Јулија се у начелу сагласила, али не и Рут. – Зар не видите да је касно, одвраћала нас је одлучно од ове помисли. – Немци би нас на лицу места убили да нас ухвате. Размишљао сам и о томе да се оженим Јулијом. Али, и то је било неизводљиво: Немци су забрањивали склапање брака између аријеваца и Јевреја, а ја сам званично био аријевац. Били смо осуђени да чекамо.

Наступила је и позна јесен. Дани захладнели, али Франкелови нису остали без огрева: од претходне зиме остало им је нешто угља и дрва, довољно да бар у великој кухињи са озиданим белим шпоретом буде топло. И ја сам се потрудио да њихов подрум попуним са метром дрва које сам тешком муком набавио. Јулија се није мицала из куће. Из свог стана је излазила још само када се пела до мене. Музика, па и радио, изгубили су ранији значај: седећи загрљени на софи зурили смо испред себе, равнодушни према свему осим према страху од сутрашњице. У нама више није било наде. Било је само ишчекивања и безнађа, иако су се Немци зауставили пред Москвом: предосећали смо да најтежи дани тек предстоје, независно од тога какво је тренутно стање на фронту у Русији или на фронту у Африци.

Крајем новембра неизвесност је била прекинута. Немци су се коначно огласили: преостале Јевреје углавном жене и децу, позивали су да се одређеног дана, почетком децембра окупе са најпотребнијим стварима пред зградом полиције у улици Џорџа Вашингтона.

Зачудо, наређење Немаца Јулију није бацило у веће очајање, дубљу апатију. Штавише, као да је живнула, као да је у том наређењу открила траг неке необјашњиве наде. Откуд таква промена, питао сам се, не успевајући да довољно уверљиво објасним преокрет у њеном расположењу. Да ли је очекивала наређење неповољније од овог, можда наговештај директног физичког уништења, или је у позиву да се понесу најпотребније ствари расплет можда мање страшан од оног којег се прибојавала. Или можда реакција очајника који врхунац свог безнађа није изражавао спољним знацима очајања?

Слушали смо поново, на њено инсистирање, радио или пуштали музику са плоча. Вести са фронтова престале су да је интересују: Немци су губили дах у огромном простору, посртали у руској мећави, смрзавали се под леденим ветром, али све то још није био наговештај њихове скоре катастрофе. Нисмо играли. Ћутали смо у полузагрејаној соби, зближени више него икад даном који је требало да нас растави. Музика је допирала до наших ушију, али не и до наших осећања и мисли. Више ништа нисмо у њој откривали, ништа се од ње на нас није преносило: пред нама је био само дан који ће Јулију и Рут одвојити од куће и страшна празнина и неизвесност које ће после тога настати. Једном приликом, док смо седели тако неми, загрљени, запазио сам да су њене, широм отворене очи, гледале без страха и очајања испред себе, свесне свега, света, живота, времена, можда и оног што је њу тек требало да снађе. Прибранија је него икад и помиренија са својом судбином, помислио сам готово смирен овим нехотичним откриће, али нешто повређен сазнањем да је тих тренутака била подједнако далеко и од мене.

Три дана уочи одласка Франкелових замолио сам свог шефа у министарству да ми одобри одсуство. Тих хладних дана практично сам се преселио код Јулије и Рут, иако им моја помоћ у ствари није била потребна: из подрума сам доносио дрва и последње комаде шлеског угља купљеног пред сам рат.

Припремале су се грозничаво за одлазак: пребирале по орманима хаљине, сукње, џемпере, мантиле, у недоумици шта од силних ствари да са собом понесу. Осећао сам се излишним, гледајући их тако заокупљене: ако Јулија није желела да се и једног тренутка одвоји од мајке, ја нисам могао да се одвојим од Јулије. Врзмао сам се по пространом тросодном стану, покушавао да бар прочитам наслове књига у гломазној, стилској библиотеци, углавном на немачком, посматрао фотографије родитеља Захарије и Рут, прилазио прозору и гледао у сиво небо или у прозоре преко пута, тамо где се можда ништа није дешавало нити ишта очекивало, пуштао Телефункен, са још неугашеном надом да ће ме Лондон или Москва охрабрити каквом неочекиваном вешћу. Но, ништа од тога: Немци су, додуше, узмицали, свеже руске дивизије пристизале из Сибира, али све је то било недовољно да тренутно преокрене ток рата и спречи Јулијин одлазак.

Ту последњу ноћ нисам ока склопио. Сваки час сам устајао, ходао, прилазио прозору и зурио у црни простор испред себе, размишљајући о томе шта је још могло да се учини. Али, одговора ниоткуд: само је велики зидни часовник равномерно одбројавао часове, а кошава, као рањен пас, пригушено цвилела.

Сишао сам пре шест часова, раније него што смо се договорили. Већ су биле спремне. Јулија у мајчиној бунди и са капом од истог крзна, Рут у зимском капуту и марамом на глави и две путне торбе. Изашли смо без речи: овог пута Јулија и Рут необележене жутом траком. Оставиле су их на чивилуку, можда из свог првог отпора наређењима Немаца, свесне да одлазе тамо где ће видљиво обележје њихове расе бити непотребно. Рут је закључала врата кључем са привеском од картона на коме је исписала улицу, број куће и стана, обавезна да га преда Немцима. За то време кућа као да је спавала сном праведника.

Још није свитало. Дувао је хладан ветар, који је на све стране разносио ситне пахуљице сувог снега. Носио сам у једној руци торбу, другом, слободном, држао под руку Јулију. За час смо се спустили до Душанове и онда кренули према Вашингтоновој. Ћутали смо. Јулија је корачала равномерно, без видљивог знака нервозе. Почело је да се раздањује када смо се нашли пред зградом полиције. Нисмо били први: двадесетак особа, углавном жена и деце, већ је стигло пре нас.

Желео сам да на растанку Јулију чврсто загрлим. Али, она се, на моје изненађење, извила и моје усне само су овлаш дотакле њен хладан, гладак образ. Шта јој је, помислио сам, изненађен њеним понашањем: као да се у њој нешто побунило против мене, нешто што је тек на растанку неочекивано доспело до њене свести. Пустио сам је из загрљаја и она се, преузимајући од мене торбу и не окрећући се, помало спуштене главе, са високо подигнутом крзненом крагном, заједно са мајком придружила групи која се већ образовала, готово за пола главе виша од окупљених жена и девојака.

Устезао сам се да им се приближим, збуњен Јулијиним држањем. Стајао сам на неких двадесетак метара од њих, изложен хладним, не превише јаким ударима кошаве. Неколико пута сам махнуо руком када би ми се учинило да се Јулија мени окренула. Није реаговала. Шта се то са њом у последњем тренутку догодило, питао сам се, немоћан да нађем прави одговор.

Гомила се из минута у минут увећавала. Неки су најпотребније ствари довозили шпедитерским колима. Нешто после седам часова појавио се први немачки камион са цирадом. Чекао сам све док се Јулија и Рут нису, међу последњима, попеле. Пре но што се приближила камиону, Рут се окренула и махнула ми руком. Јулија није. Брже, брже, један крупан, овдашњи Немац, непрестано је узвикивао. Јулија и две млађе жене помогле су Рут да се попне. Потом је Немац спустио цираду и кренуо.

Вратио сам се. Кућа још није давала знаке живота. Пењући се на трећи спрат, прошао сам поред врата Франкелових. На њима је још стајала месингана плочица: ЗАХАРИЈА ФРАНКЕЛ. А иза врата, на чивилуку, знао сам, мора да су и даље висиле две жуте траке, две подмукле ране на мојој души.

МОЈ ДЕДА

Прича о мом деди по оцу, Симону Јосифовићу, почиње од дана када су на бандерама, тарабама и зидовима безмало одмах по уласку Немаца у Београд били излепљени прогласи упућени Јеврејима. Окупатор није желео да оклева: саопштио је већ петог дана по заузимању Београда припадницима народа кога је мрзео више од свих других да се одређеног датума пријаве на Ташмајдану, уз упозорење да ће најтеже последице сносити сви који тако не поступе. Најтежа последица била је смртна казна. Истовремено, војна команда је објаснила које грађане она сматра за Јевреје: сваког чија су три од четири најближих предака Јевреји, без обзира да ли су променили своју веру. Наравно, оглас је унео немир у моју породицу, јер се деда, једини од свих нас, нашао под ударом кратко срочених али крајње претећих прописа.

Пре него што је крајем прошлог века постао Симон Јосифовић, мој деда се звао Јозеф Симон. Он и баба Труди родили су се у Бечу као Јевреји и венчали се као Јевреји. Но, једног дана баба је дошла до закључка да је крајње време да прекину са својим презименом и прошлошћу због којих су имали толиких неприлика. У први мах, деда се овој идеји одлучно супротставио, али не за дуго. Баба је била упорна: позивала се на разум, користила сузе, прибегавала свакојаким претњама. Учинио је то, али уз један услов: ако од аустријских Јевреја треба да постану Срби, Београђани, онда бар нека их име или презиме подсећа на њихову прошлост. Ето, тако се Јозеф Симон преобратио у Симона Јосифовића.

Када су Немци излепили проглас Јеврејима, Симон Јосифовић, мој деда, човек средњег раста, плавих очију и благо повијеног носа, имао је седамдесет девет година. Био је још нетакнутог духа, али нешто несигурних ногу: ходао је све теже, правио све краће кораке уз помоћ штапа којим је тек уочи рата на наваљивање своје снахе, односно моје мајке, Српкиње, почео да се користи.

Дуго смо се сви, мајка и ми, његови унуци, саветовали шта би било најбоље да учинимо: да ли да га упознамо са прогласом Немаца или да то прећутимо, иако смо стрепели од санкција уколико би Немци сазнали да се он, покрштени Јеврејин, није пријавио. – Ако бисмо му рекли – говорила је мајка, онда би га тиме само натерали да се пријави Немцима. Знате и сами какав је: без оклевања би отишао на Ташмајдан.

Били смо у великој дилеми: ако се не пријави као Јеврејин, онда би се излагао опасности да га Немци убију уколико сазнају за његово порекло, а ако се пријави, онда би и то могло да му дође главе. На крају, мајка је сама одлучила: деду нећемо упознати са саопштењем Немаца, у нади да га они неће открити и прогонити као Јеврејина. У то време још смо имали извесних илузија о окупатору: веровали смо да би пред седим власима и дубоким борама чак и највећа предрасуда и мржња морале да устукну.

Стицајем околности, деда је живео са нама већ седам година. Живот му није био наклоњен: чим је заступство једне бечке фирме препустио свом дугогодишњем службенику умрла је бака, а затим, неколико месеци касније, и мој отац, његов син, јединац. Шта му је после свих ових удараца преостало него да прихвати предлог моје мајке и пређе код нас.

Недељу дана после прогласа Јеврејима деда је, упркос нашем противљењу, отишао до Леона Анафа, мењача, свог можда најприснијег пријатеља, нешто млађег од њега. Било је готово дирљиво како су се они пазили, неговали своје полувековно пријатељство. Виђали су се свакодневно, а ако би их у томе нешто спречило, онда би обавезно разговарали телефоном. Већ и по самом гласу мог деде могао сам да закључим колико му је Анаф био драг, шта је све осећао за њега. Не верујем да би се тако односио и према рођеном брату да га је имао. Већ сутрадан по уласку Немаца, деда ме је више натерао него што ме је наговорио да видим шта се десило са Анафовом мењачницом, која се налазила на Теразијама. Било је то први пут да користи свој ауторитет. Послушао сам га. Затекао сам мењачницу са разбијеним излогом, али је зато велика челична каса остала нетакнута. Деду то није умирило, па је морао да се поново послужи својим ауторитетом, пошто због прекинуте телефонске линије није могао да разговара са својим пријатељем: овог пута добио сам задатак да Анафове потражим у Југовићевој улици, где су становали. Срећом, нико од њих није страдао од бомбардовања, али су сви били веома забринути – због разлупане мењачнице понајмање.

Од Анафових, неколико дана касније, деда се вратио готово гневан. Наслућивао сам због чега. Још са врата је плануо:

– Зашто сте крили од мене? Да ми Леон није рекао, не бих уопште знао да треба да се пријавим. А знате ли шта би се са мном и са вама десило да Немци сазнају да сам Јеврејин?

Откако сам знао за себе, први пут сам из дединих уста чуо да је он Јеврејин: до тог тренутка могао сам само да наслућујем шта је по свом пореклу. Мој отац, који се својевремено толико трудио да затре за собом све трагове своје расе, ниједном није ни мени ни било коме од своје троје деце ставио до знања да су његови родитељи Јевреји. Била је то тема која се у нашем дому није ни покретала ни дотицала, али која из наше свести није могла ни да се сасвим избрише: до истине о очевом и дедином пореклу долазили смо поступно, некако узгред, можда и против наше воље и нашег унутарњег мира.

– Знали смо за оглас – одговорила је мајка – али Вам о томе ништа нисмо говорили само зато да се не уплашите и забринете. Уосталом, због својих година и не морате да се пријавите, а осим тога Ви сте се покрстили још док се Пепи није родио. Зар да се пријављујете као Јеврејин када сте одавно престали да то будете?

– Престао! Деда је узвикнуо, простреливши гневно својим плавим очима мајку. Био је то први пут да сам га видео тако разјареног и први пут да се са таквим тоном обраћао мајци. – Само ја знам и само ја одлучујем да ли сам престао да будем Јеврејин. Најзад, Немци су у праву када тврде да Јеврејин никада не престаје да буде Јеврејин. Затим се окренуо и отишао у своју собу, залупивши за собом врата.

Сутрадан, деда је поново био онај стари, предусретљив, добродушан, спреман да на испитивачке погледе својих унука одговори својим благим осмејком. Јучерашњи инцидент је био изглађен, али у дединим очима као да се откривао један сјај који раније нисмо могли да уочимо. Живнуо је, нешто се у њему преломило, помислио сам.

Шта се то са њим догодило, питао сам се. Разговор са Анафом био је, нема сумње, пресудан: сазнао је да мора да се пријави као Јеврејин, упркос томе што се пре толико времена отуђио од своје вере. Немци су га подсетили на његово порекло, на то да Јеврејин не престаје да је Јеврејин чак и када се свог јеврејства одрекне. Чудно: деда је био, рекло би се, готово захвалан Немцима што су тако поступили, прогласили за неважеће све оне године које је он, бар у очима других, проживео као хришћанин.

Још као дечак, не слутећи ни најмање да је мој отац Јеврејин, запазио сам да се деда за Божић и Ускрс понашао приметно уздржаније од оца и баке, иако је нама, својим унуцима, за ове празнике доносио поклоне, трудећи се да са нама подели бар нешто од наше радости. Но, у то време нисам желео да размишљам о дедином понашању, јер сам све оно по чему се разликовао од мог оца и моје баке приписивао његовим одмаклим годинама. Тек касније, када сам поступно почео да наслућујем истину о дедином и очевом пореклу, могао сам донекле да уђем у тајну дединог понашања, односно његову неспособност да у пуној мери учествује у нашем празничном расположењу, објасним донекле извесну опуштеност али и неко чудно спокојство које смо сви ми запажали на његовом лицу и у његовом држању готово сваког петка увече и сваке суботе. А о склоностима и осећањима мог деде сведочило је још нешто – адресар од фине тамноцрвене коже који се налазио на његовом столу и до којег му је, очигледно, веома стало: већина имена у њему, исписана дединим калиграфским рукописом, нека и на хебрејском, била су јеврејска.

Да ли је то била случајност што су дедини најближи пријатељи били Јевреји? Осим Анафа, и Мориц Гутман, банкар, и Гершон Гаон, трговац на велико. Виђали су се често, поготово од када се деда повукао у миран живот. Одлазио је у њихове куће или радње скоро сваког дана, док га они, изузев Анафа и његовог сина, уопште нису посећивали. Мајка му је више него једном предлагала да своје најближе пријатеље позове код нас и да ће се она за све побринути. Али, деда је, не знам зашто, тај тренутак стално одлагао. Да ли зато што није желео да нам тако стави до знања да је он у души остао Јеврејин или је постојао неки други разлог, о коме није желео да говори?

У ствари, захваљујући највише околности што се деда дружио са Анафом, Гутманом и Гаоном, схватио сам не само то колико је волео своје пријатеље Јевреје, већ колико је и сам остајао привржен својим коренима. Захваљући томе упознао сам и велике јеврејске празнике, заправо оне које је он

проводио код својих пријатеља: Нову годину доче-
кивао је код Гутмана или Гаона; за Седер је редов-
но одлазио код Анафа. Једино тих дана одлазио је
касно од куће увек у свечаном оделу и свеже обри-
јан.

Убрзо после пада Пољске, круг дединих најбли-
жих пријатеља почео је да се осипа, јер страх од
Немаца није више био само страх од нечег далеког
већ од нечег блиског, претећег, ако не и нагове-
штај једне већ сутрашње катастрофе. Прво је отпу-
товао Гутман, најбогатији међу њима: продао је ви-
лу на Сењаку и онда са женом и неудатом кћерком
кренуо свом брату од стрица у Буенос Ајрес. Неко-
лико месеци касније отпутовали су и Гаонови: прва
етапа им је била Грчка, а одатле је требало да кре-
ну за Тангер. Остали су Анаф и деда. Није ми било
јасно због чега Анафови, довољно имућни, нису по-
шли Гутмановим и Гаоновим примером, али нисам
се нимало двоумио због чега је мој деда, ништа мање
имућан од Анафа, остао са нама.

Мајка се бринула. Страховала је и због деде, али
и због нас: ако се пријави, онда је било неминовно
да се живот свих нас, и деде и његових унука и
његове снахе, из основа преокрене. Знала је какви
су Немци: већ су увелико почели да злостављају Је-
вреје који су им се одазвали. Старог Анафа нису
дирали, али су зато његов син и његова кћерка мо-
рали да раде понижавајуће послове. Устручавала
се да отворено запита деду. – Шта мислите, децо –
запитала нас је једног дана – да ли се деда прија-
вио? Надала се да ће неко од нас можда и сасвим
случајно, да сазна како је деда поступио. Али, о то-
ме он није говорио. Одлазио је с времена на време
код Анафа, чију су мењачницу Немци реквирира-
ли. Одлазио је без нервозе и неког снебивања тако
видљивих у понашању Јевреја који су, обележени
симболом свог народа и своје вере, могли да се ви-
де на улици.

– Сигурно се није пријавио – закључила је једног
дана мајка са приметним олакшањем, видећи како

се деда понаша на улици два месеца после прогласа Немаца. А тих дана неки Јевреји, дедини познаници и наши суседи, већ су одлазили на сабирна места, остављајући за собом своје опустеле станове: Сингерови из треће куће од нас и Бродови из суседне улице. Био је то егзодус, али онај без икакве наде и без икаквог циља. Две недеље касније, на велику дедину жалост, дошао је ред и на Анафа и његовог сина.

Почетком августа, када смо се сви окупили за ручком, деда је рекао:

– Кроз два дана одлазим на Ташмајдан.

Те речи су нас пренеразиле. За све ово време ни на крај памети нам није падало да је деда могао да се пријави као Јеврејин, уверени да ће, ипак највише из обзира према својим унуцима и својој снахи, морати да прећути своје порекло.

– Отац – тако му се мајка одувек обраћала – не шалите се! Рекла је то у тренутку када је спуштала чинију са чорбом од парадајза, јело које је необично волео.

– Не шалим се. Прекосутра је на мене ред. Саопштавао је ту вест без видљивог узбуђења, као да се све то уопште није тицало ни њега ни нас. Затим је додао: – Немце не можете преварити, поготово Хитлера...

Прекинуо га је сестрин плач. Њене сузе и њени јецаји говорили су колико је деду волела.

– Шта ти је? – узвратио је. – Ваљда не идем под гиљотину. Потом се, готово пословним тоном, обратио мајци: – Имаћете довољно за живот: златнике сам уочи рата извадио из сефа у банци, а сада су у левој фиоци мог писаћег стола. И да би прекратио даљи разговор, узео је кутлачу и сам сипао своју омиљену чорбу.

Ко је могао да предвиди да ће се деда на крају ипак пријавити? Нешто је, бесумње, било снажније и пресудније од свега, чак и од обзира према самом себи и обзира према нама, његовим најближима: потреба да се врати свом почетку, жеља да по сва-

ку цену надокнади, колико му је снага дозвољава-
ла, све оно што је током пола столећа као Јеврејин
требало да учини али можда требало и да претрпи.

Два дана касније, нас четворо, деда и његово тро-
је унука, кренуло је на Ташмајдан. Пошли смо ра-
није него што смо се дан пре тога договорили. Као
да се деди журило да што пре стигне на своје одре-
диште. На растанку мајка га је загрлила и тихо за-
јецала. Ја сам понео дедино ћебе, брат дедину црну
ташну са вешом, сапуном, четкицом за зубе и адре-
саром од црвене коже. Само Бог зна због чега је
толико инсистирао на овој реликвији. У сестриној
руци налазила се мрежица са храном коју је мајка
припремила.

Ишли смо споро, застајући често. Јутро је било
спарно и деда се брзо замарао. Пред улазом игра-
лишта на Ташмајдану, ограђеном плетеном жицом,
опростили смо се од деде. Изљубио нас је, највише
сестру која никако није желела да се одвоји од
њега. Брада му је била оштра: тог јутра заборавио
је да се обрије.

Гледали смо како са својим стварима пролази
поред немачког стражара. Затим смо га кроз про-
видну ограду поново угледали: улазио је у дрвену
бараку погнут, натоварен стварима попут уморног
путника који као да је, притиснут годинама, тек
кренуо својој далекој земљи али који, упркос свом
умору и својој слабости, не губи наду да ће једног
дана у њу и да стигне.

Неколико дана касније, схватили смо колико је
деда водио рачуна о нама: у средњој фиоци његовог
стола пронашли смо жуту траку. Извесно је да би је
радо ставио око руке, али да само из обзира према
нама није желео да је носи.

ДНЕВНИК

Неће моћи да их са собом понесе. Остаће на писаћем столу, у горњој, десној фиоци. Три свеске различите боје, али истог формата, свака обележена крупним словом Д ћирилицом и римским бројевима од један до три. Прва тамнозелена, остале две мрке боје. Готово три деценије његовог живота и његовог виђења, згуснуте у њима. Три деценије посматрања, доживљавања, збивања, време које се сада, како су некад проповедници говорили, своди ни на шта стварније од дима! Све је као стварност и догађај ишчезло осим речи, које је својом руком, час мастилом час оловком, нередовно исписивао на страницама свог дневника. Само ће речи остати. Остаће, без обзира да ли ће кроз два дана да оде до Топовских шупа како су Немци наредили, или ће пре тога сам себе искључити из света живих. Дневници ће се налазити у горњој десној фиоци, странице исписане његовом руком, диктиране његовим мислима и емоцијама све док их неко и не прочитавши их спали или на неки други начин уништи, а све док се то не догоди његове речи постојаће, независно од тога шта ће се са њим збити, као непобитан, крунски доказ да је он ипак живео.

Доказ да је живео? Каквог ће значаја то да има за оног који његове получитљиве речи, исписане нервозном руком, евентуално буде читао? Схватиће само да је прву реч, мисао, записао 23. априла 1912, а последњу јуче, 27. јула 1941. Три деценије живљења, надања, самообмањивања. *Изашао сам из ку-*

47

ће иако је *йадала киша а кашаљ није йойусшио. Иза-*
шао сам само зашо шшо сам био сиґуран да ћу је ви-
дейи... – дневник је тако почињао. Завршавао се
веома кратком реченицом: *Још йри дана и...* Није
имао снаге да започету мисао доврши. Као да је у
њему све стало, замрло исто као када је на дан мај-
чине смрти хтео да у дневник забележи један тако
крупан догађај. *Мама је умрла...* Могао је да испи-
ше само те речи, иако му се чинило да њима саоп-
штава тек делић оног што је у њему мајчина смрт
покренула. Осећања су попут бујице надирала, али
је његовим мислима, недостајало снаге да их обуз-
да и среди. У ствари, и његова рука и његово перо
никада нису били немоћнији него оног дана. Слич-
ну немоћ осетио је јуче када је уписао последњу реч
у дневнику: *Још йри дана и...* О страху, слутњама,
неизвесности који су га пре тога данима прогонили
он, новинар, могао је у другачијим приликама да
неупоредиво дуже пише и то стање душе натенане
да разлаже. Али, сада, уочи одласка, када можда
заувек треба да се растави од свог стана, своје собе
и Бети, његова мисао и рука су клонули. Овог пута,
осим голе констатације, све му се чини крајње не-
важним, па и излишним да свој ум напреже. Најзад,
било је далеко значајнијих ствари од дневника.

Још јуче се премишљао шта да 30. јула учини:
оде тамо где су Немци наређивали или да заједно са
Бети или независно од ње све могуће перипетије
прекрати са двадесетак веронала. Данас се више не
двоуми: таблете, које већ два месеца скрива у гор-
њој фиоци писаћег стола, донеће коначно, неопо-
зиво решење.

Дао му их је Аријел још маја, три недеље по ула-
ску Немаца. – Нека ти се нађу за сваки случај – ре-
као је. – Ево ти педесет таблета, мада је довољно и
двадесет. Али, немој на празан желудац. Нешто
презалогаји пре тога, није наодмет уз то и чашицу
љуте. Тако си сигурнији да их нећеш повратити. У
први мах му се чинило да се његов најинтимнији
пријатељ са њим шегачи. Но, није то била шала.

Мислио је озбиљно. – Против Немаца не можеш да се бориш оружјем већ само вероналом – уверавао га је. – Када тебе нема, онда нема ни Немаца – био је главни Аријелов аргумент. Ипак, тим својим оружјем он сам се није у одлучном тренутку послужио: пре три дана отишао је у Топовске шупе, када је на њега дошао ред. Донекле га разуме: лакше је потегнути руку на Немце него на себе.

Извукао је фиоку крцату нотесима, оловкама, лењирима, чак и ситним алатом, прави хаос који је Бети могао да баци у очајање, али којег он ни по коју цену није желео да се отараси. Веронал се налазио у теглици боје јода. Протресао је да би се уверио да је пуна. Таблете су зазвечале и тај звук га донекле смири, па и охрабри: бар није беспомоћан све док о свом крају може сам да одлучи.

Топло је. С времена на време ваздух, који заструји кроз отворен прозор, расхлађује лице. Два сребрнаста јаблана, чији врхови надмашују двоспратницу преко пута, трепере на сунцу. Као да га поздрављају: у треперењу и пресијавању лишћа открива стотине ситних руку које му машу. Однекуд се јавља црна гугутка. Не види је, али распознаје њен глас. Као да га и она својим гугутањем поздравља, иако никад није био начисто с тим да ли својим монотоним тоновима изражава тугу или неку прикривену радост. Прекосутра треба од свега тога да се растане, можда заувек, без обзира оде ли до Топовских шупа или остане овде. Међутим, ако остане, неће бити жив: већ прекосутра можда ће да буде хладан, беживотан, уколико остане доследан својој намери да не одлази Немцима. Лежаће испружен на кревету, можда без грча на лицу, попут уморног човека који је заспао чврстим сном. Прво ћеш осетити поспаност, говорио је Аријел, као да је већ прошао кроз то искушење, а онда ћеш заспати ништа другачије него када те сан опхрва. Умрећеш у сну, не знајући да ли си умро, а ко зна, можда ћеш се после тога пробудити немајући појма шта је пре тога било. Ни овог пута није се шалио. Говорио је озбиљно, иако га философи никада нису интересовали. Веровао је само чињеницама, али, зачудо, смрти се није грозио. Мерио је све апотекарском вагом, па је ваљда и измерио у себи да је мудрије да прекрати живот него да оде у неизвесност каква само једног Јеврејина може у Топовским шупама да очекује. Ипак, када је требало да се коначно одлучи, определио се за Топовске шупе.

Сада је дошао на њега ред да се определи: да прогута таблете или да и он прекосутра пође Аријеловим стопама. Смрт га никада није ужасавала. Истина, обузимала га је нелагодност при погледу на лице мртваца. Само, то није смрт. То је само леш, крајњи, несварљиви остатак живота. Смрт је одувек за њега била, још давно пре Хитлера, више једна заблуда него стварност: одсуство мисли, осећања, времена, нешто сувише лепо да би могло да буде истинито. Колико је пута, још као студент права, помишљао да такво стање, које заправо није никакво стање, не може да буде ништа друго до ништа. Ретко је себе замишљао као мртваца над којим плачу мајка, отац, сестра или Бети, јер у правој смрти, како му се чинило, нема ни мртваца, ни оних који остају у животу, ни оног што је свет. Једноставно, нестаје свега што је пре тога имало вид живота, времена, догађања, нестаје у једном забораву, можда и једној празнини која није ништа друго до дим, измаглица. Како су то Проповедници дивно наслутили!

Врата су зашкрипала. Опет Бети. Зна због чега га узнемирава у његовим размишљањима. Зимски капут! Упорна је у свом наваљивању и убеђивању да га прекосутра понесе иако је лето. Има своје разлоге: летњи дани ће брзо проћи, а када захлади, одело му неће бити довољно. Богзна куда ће их Немци одвести и у каквим ће условима живети? Разбијала је главу о свему што је могло да му се догоди, а нема појма да он можда већ сутра неће да буде ништа друго до мртвац! Веронал је велика ствар.

– Шта си решио? – пита га још са врата, држећи се за кваку. – Ако мислиш да га понесеш, уклонила бих две флеке. Биће као нов.

– Ама, не гњави ме више. Ради шта хоћеш – одбрусио је. Хтео је да дода да му зимски капут ионако неће бити потребан. Али, уздржао се.

– Више нећу да ти досађујем. Припремићу га, а ти одлучи када дође време. Зна да јој није право што се не изјашњава пуна срца за ствар која ће на крају, у његовој ситуацији, бити излишна. Да зна, понашала би се другачије.

Удаљила се. Сребрни јабланови и даље трепере. Гугутка је заћутала. Отвара десну фиоку и узима дневник, прву свеску. По који само пут чита прву страницу, прву реченицу: *Изашао сам из куће иако је падала киша...* Доста рогобатно. Данас би све то срочио другачије, али то више не би био исти онај дан, иста киша, иста девојка. Ксенија. Више се не сећа баш јасно оног кишног дана којим започиње његов дневник, али се сећа Ксеније због које је чак и по таквом времену изашао из куће. Ксенија, његова вршњакиња из исте улице, девојка са кикама, висока, танка, у дугој сукњи која јој је покривала чланке и белој блузи која је тако одударала од њених живахних, некако дрских очију. Знао је када се враћа из школе па је зато у исто време излазио на улицу. Гледали су се, али он никада није био сигуран шта је њен вечито подсмешљив поглед значио. Зато се устручавао да јој приђе, и редовно би он први скренуо поглед. Осећао је да је надмоћнија од њега. А онда је, неочекивано, нестала из његовог видокруга, његовог живота: њен отац, официр, како је сувише касно сазнао, био је премештен негде у унутрашњост.

Нестала је, али је остало ово неколико речи, сећање на њу, њен ситан ход, њене очи, њен дуги врат оивичен чипком која се око њега обавијала попут бршљана. Шта је све после тога преживео, чега је све био сведок? Два рата, и овај трећи у току, али све поступно, по некој чудној, неухватљивој логици: државе су пропадале, нове се уздизале, избијале револуције, свет мењао свој лик. Није то био хаос. Све је то морало да се догоди по неком правилу и некој законитости коју ни он ни други нису могли да схвате. Морао је да постоји известан смисао, макар се све то једног дана свело на Ништа. Понекад је бивао чврсто уверен да све ствари имају свој смисао једино ако се на крају попут зрнца соли раствоpe у оном што је ништа. Најзад, није ли и сав његов живот једно поступно ишчезавање, пражњење, примицање тренутку када ће свега нестати. Постоjaти је исто што и нестајати, али нестајати неосетно, кап по кап, зрнце по зрнце, сваког тренутка ближи великом часу када неосетно нестаје разлике између живота и смрти, трајања и ишчезавања. Ту тако крупну истину, прикривану разним навикама и лажима, откривао је још као дечак у оном чудном преокрету и преображавању које је запажао управо пред почетак Шабата.

Било је довољно да само осмотри оца који је велик део свог слободног времена проводио над књигама а сваког петка пред вече одлазио у храм где је, када дође ред на њега, разгртао тешку црвену завесу и отварао вратанца Арона кодеша – да би схватио да се време Шабата приближавало. За овај тренутак отац се припремао још при пуној светлости дана: пошто би се са пуно пажње обрио, навлачио је белу, испеглану кошуљу и празнично одело и последњи пут контролисао да ли је у шпорету мајка угасила ватру. Примицао се Шабат. За оца је то био почетак дана када се својим мировањем и својом молитвом човек окреће свом Богу, свом Творцу, присећајући се његове силе, доброте и узвишености. За њега самог Шабат је био и нешто друго: осећао га је пре свега, још од својих гимназијских дана, као време неког општег, космичког измирења, у коме се све ствари и сви токови чудесно спајају и изједначавају. Шабат је био брисање свих посебности, прелазак у стање у коме се ништа не издваја, јер после привидног издвајања током шест дана постаје поново исто. Ако свет икада нестане, помишљао је, онда ће нестати исто онако како се Шабат спушта на земљу: неће бити ни земљотреса, ни поплава, ни ерупција вулкана, већ тихог, неприметног гашења свега. Можда је Бог дао човеку Шабат само зато да би га подсетио да иза свих ствари има једно Ништа, исто оно које је Бог својом речју преобратио у свет, у живот, у човека.

Чудно, два тамна ока девојке са којом ниједну реч није изменио засијала су поново у њему попут два светионика чија светлост успева да се пробије кроз таму и метеж његовог сећања. Бесумње, њене су то очи, али што их дуже гледа, све више му се чини да то нису само очи Ксеније: као да у њима препознаје и очи свих жена које су га у прошлости, на улици или било где другде, само дотакле или се на њему задржале. Очи су мистерија: два процепа у телу, иза којих зјапе понори људског бића. Колико је само у свом бивствовању доживео таквих сусрета са очима које су му, иако без свог имена и своје биографије, откривале истину о људима, заправо немогућност да се таква истина уопште сазна. Ксенија му се свиђала онако вижљаста, живахна, гипког хода, али је још тада, како му се сада чини, највише свиђала управо зато што је у њеном погледу наслућивао тајанство једног света ништа мање далеког и непроникнутог од бескрајних прашума Амазона или још недосегнутих дубина океана. Знао је од другова како се зове и ко јој је отац, што је било тек делић истине о њој. Није имао храбрости да јој приђе, започне разговор и покуша да раскрили сва она врата што су водила најдубљој тајни њеног бића. Изненада је нестала, али је од ње ипак нешто остало: враголаст, помало подсмешљив поглед који га чак и сада подсећа да има ствари трајнијих од сећања, ако не и времена.

Харфа. Чује се из суседне собе. Као звук залутао у простору и времену, отргнут од нечег далеког, тајанственог, жуборење нечег што би могло да буде само вечност осуђена да непрекидно трага за собом и себе никада не нађе. Бети. То она прелази прстима преко струна инструмента који јој је као најдража успомена остао од њене богате мајке. Није се трудила да буде виртуоз. Амбиције су јој биле скромније, задовољавала се тим да само озвучи простор звуком болно разломљеног акорда, да само назначи мотив или мелодију, али никада да је до краја развије и уобличи у жељи да све то остане само спонтан, ненаметљив израз њених осећања или њеног расположења. Новац њених родитеља као да се њене душе никада није дотакао. Остала је неискварена, до крајности одана. У харфи је налазила и можда свој једини смисао и своју велику утеху што није могла да постане мајка. Своју судбину је подносила стоички, достојанствено, и струнама, заробљеним змијасто вијугавим рамом са чијег је врха неко митолошко биће слепим очима гледало у свет испред себе, најчешће се обраћала када је била доброг расположења или када би је туга или немири обузимали.

Увек исти мотив. Тужан, носталгичан. Родио се у њеној души, био израз њеног виђења и расположења. Сада му се чинило да у тим акордима који су се споро, попут таласа смењивали на обали неког невидљивог мора откривао увек различит али и увек сличан мотив неке наде, типичан за све људе погођене истим проклетством: наде створења која се, прогоњена безразложном мржњом, столећима потуцају по свету остајући, без обзира на све патње и искушења, верни својој судбини. Има ли том потуцању краја, питао се и сада, осећајући више него икад колико свима њима управља нешто што је најмање ствар њиховог избора и њихове воље. Сви су они играчке, сви ће бити привидно слободни све до оног тренутка док се време не измени и сва збивања и сва историја не пређе у величанствен мир сличан Шабату. Са Бети о томе никада није разговарао, али њени дуги прсти и њена харфа као да су сада управо о томе потресно говорили.

Опет тишина. Бети не седи за харфом никада дуже од неколико минута, тек толико да да себи одушке. Али, у омамљујућој тишини лета, он ослушкује у себи, у својој свести, звучање оног њеног увек истог или увек сличног мотива у коме препознаје и себе и ону своју непосусталу жудњу за недогађањем. Некада, на часовима веронауке, питао се због чега је Бог морао да створи свет и човека, јер му се стање недогађања увек чинило природнијим од токова збивања, догађања. Та мисао се провлачила неупадљиво и на страницама дневника, довољно упорно да се схвати шта га је у животу непрестано опседало. Никоме се није поверавао, чак ни Бети, иако би она могла да га бар донекле схвати. Није се поверавао ни Аријелу, ни Данију, ни Јозефу. Уосталом, нико није кадар да нешто тако лично и интимно схвати ако то као мисао и осећање није у њему.

Можда је и добро што га Топовске шупе чекају: да Немци нису наредили, он би и даље живео као до сада, размишљао о Шабату који ће бити другачији од свих ранијих, али ништа не би предузимао да прекине ток који ничему не води. Сад нема куд, Немци су га ставили пред избор, онај који је увек одлагао: кренути у неизвесност, излагати се неизбежним понижењима, злостављањима, лишавањима само зато да би се одржао пуки опстанак или све то избећи једним безболним чином? У суштини, Немци су се појавили као судбина, бич Божји: када ће да оствари своју намеру ако не сада, два дана уочи одласка у Топовске шупе?

Сви су разлози да послуша Аријела, осим једног: Бети! Он би нестао, али би она остала, сама, препуштена себи. Његова смрт не би морала да буде оно најгоре уколико је Немци не би дирали. Не би била сасвим беспомоћна: мајка јој није оставила само харфу већ и прстење, наруквице, огрлице. Могла би и под окупацијом да пристојно живи. Само, било је извесно да ће једног дана Немци и њу, Јеврејку да позову као што су позвали и њега? Неизвесност је и пред њом, можда још мучнија него пред њим, и када је већ тако зар не би било најразумније да и она учини исто што и он смера: реши се свих неизвесности и свих стрепњи тако једноставно и безболно – чашом воде и са двадесетак таблета?

О томе јој још није говорио, а све је мање времена. Но, можда и није потребно да о томе са њом говори, да јој предложи да обоје изиграју Немце тако што ће сами себи да одузму живот, јер је уверен да се она са тим не би сагласила. Није као он: не би на себе дигла руку и да Немци намеравају да је живу одеру. Чежња за ишчезнућем није и њена чежња. Колико су се у том разликовали иако су готово у свему осталом били слични...

Опет Бети. Зажуборила харфа тихо, као са неког другог, далеког света. Исти мотив, али овог пута као да у њему не открива у довољној мери охрабрење да истраје у својој самоуништавајућој намери. Бети мора да је крајње нервозна, забринута, чим је после тако кратког размака поново села за харфу. Чудна је: сигуран је да би свирала и да њега више нема, свирала све док и њу Немци не би одвели.

Тишина тако својствена лету. Огласила се чим је харфа утихнула. Није дуго потрајала: ремети је оса која је изненада улетела кроз прозор и својим крилима попут оштрог ножа сече на комаде тишину собе. Зуји, али за кратко. Изненада се удаљава као што се и изненада појавила. Поветарац помало опија, а невидљива гугутка и јабланови, који се као сребро на сунцу пресијавају као да му самим својим оглашавањем и треперењем враћају неко поверење исто толико у постојање колико и у непостојање, саопштавају да у животу ништа не може да буде тако страшно, чак ни све оно што га прекосутра очекује. Бесумње, тренутак да учини оно што тако дуго смера, само да Бети није у другој соби: прогутао би таблете, испружио се на софи поред писаћег стола и лица окренутог прозору и јаблановима, очекивао да му очни капци отежају и онда сан утрне чула и све у њему и око њега. Аријел је у праву, иако није остао доследан себи: мудрије је раније умрети него живети дуже само зато да би се умрло ружном смрћу.

Бети се по други пут појвила на вратима. Своју нервозу и страх није могла да прикрије: он одлази прекосутра, а она, после толико година заједничког живота, остаје до ужаса сама. Страх од самоће изобличује. Крупне плавозелене очи поднадуле и лице издужено о стању њене душе речито и тужно сведоче. Као да уместо њега она кроз два дана треба да се одазове позиву Немаца.

– Малопре сам очеткала капут и очистила мрље – каже и овог пута са врата. – Шта хоћеш да ти направим: медењаке или кифлице? Одлучи се већ једном!

– Знаш ионако да ми је свеједно: направи оно што ти је лакше.

Заиста му је свеједно, али понекад, као управо сада, тешко му је да донесе чак и једну такву одлуку.

Удаљила се. Медењаци! Колико је само окренута животу без обзира какав био. Било би бесмислено да јој говори о вероналу, о томе како би било најразумније да сами себе искључе из живота, него да то препусте вољи Немаца. Али, неће да пристане, добро је зна. Сматрала би га лудим. Најзад, ставила му је то до знања одмах по уласку Немаца: нема ничег на свету што би могло да је натера да дигне руку на себе, одговорила му је када јој је онако узгред, готово у шали, рекао да је дошло време да почну да размишљају и о самоубиству. Самоубиство! За Бети је оно могло да буде само тема погодна за литературу, никако и тема о којој би она озбиљно размишљала.

Аријел! Дружили су се још из основне школе и све до ових дана остали најбољи пријатељи. Њихове тако различите професије нису могле ни најмање да их удаље: један од њих апотекар, други новинар. Аријел се није оженио иако је лудовао за женама: ниједну од њих није ценио толико колико своју независност. Виђали су се готово свакодневно, састајали се у апотеци његовог ујака, одлазили на трке и фудбалске утакмице. Онако стабилан, сјајне, праве, црне косе, тамних очију, складног носа могао је да се свиди женама. Сигуран је да се као мушкарац свиђао и Бети. А прошле недеље су се опростили, можда заувек, упркос годинама које су их везивале: отишао је ка Топовским шупама са зимским капутом пребаченим преко руке. Послушао је Бети. Понео је са собом и њене медењаке. Отпратио га је до Топовских шупа, али више из радозналости него из чистог пријатељства: желео је да онако са улице осмотри шта ће и њега за који дан да чека. Устручавао се да га упита, док су се на растанку загрлили, да ли је са собом понео таблете. Ипак, разликовали су се: Аријел је остајао апотекар, емпириста коме су фармаколошки уџбеници можда открили тајну лаког умирања, али коме је недостајало лично, спонтано уверење о смислу смрти коју човек сам себи изабере, уверење о лепоти једног тоталног ишчезнућа.

Још два дана! Одлучио би се можда још истог часа, док осећа слатку тишину лета и док посматра како један облачак промиче изнад врхова јаблана. Али, шта ће бити са Бети? Опет старо питање, стара недоумица: њена присутност, њена личност, њене малочас забринуте очи испуњене прикриваним ужасом, подсећају га на огромни, непролазни зид који га дели од оног стања које је дивно само зато што не може да се ни са чим упореди, ниједном речју да опише.

Остала би без игде иког, препуштена догађајима и одлукама оних који не могу ништа добро да јој приреде. Додуше, исто би било и да он прекосутра оде до Топовских шупа: остала би сама, ништа мање него ако он сада умре. Само, за њу неће бити исто, нешто му говори, да ли је он мртав или жив: све док он постоји, макар се налазио и на другом крају света, Бетина самоћа не би била потпуна. Бети га обавезује, обавезује да живи, без обзира шта Немци буду са њим радили.

Отворио је још једном последњу свеску дневника. *Још три дана...* И овог пута осећа да започету реченицу не би могао да заврши, свестан тога да би свака написана реч била у овим тренуцима неистинита, толико далеко од оног што се у његовој души и његовој свести збивало.

РАЗБИЈЕНИ ИЗЛОГ

Вукашин Едлингер имао је крупан разлог да тог јутра буде задовољан: пред полазак на посао слушао је последње вести са фронта. Немци и даље напредују, брзо, незаустављиво. Као да пред собом више немају никаквих озбиљних препрека: синоћ су моторизоване колоне стигле до места удаљеног три стотине километара од Москве. Зар је имало разлога да и даље стрепи од тога да се 1941. још једном не понови Наполеонова историја?

Одлазећи на посао, у свести му је и даље био глас спикера који је саопштио последњи извештај са ратишта. Но, упркос томе, његово задовољство је било крње. Нешто га је реметило, један лик, и поред свих вести са фронтова, није му већ неколико дана излазио из мисли, тамна мрља која никако није дозвољавала да се пуна срца радује напредовању Немаца: црне, старачке очи чика-Соломона Бенциона однекуд су га тужно посматрале.

Приближујући се Немањиној, покушавао је да призове слику немачких тенкова и самоходних топова из последњег филмског журанала: грдосије које су уз Бетовенову музику јуришале на руске положаје, остављајући за собом облаке прашине. Уосталом, исте тенкове угледао је и пре неколико месеци, када су се као права чудовишта спуштали авалским друмом. Тутњали су испред њега и окупљених Београђана, који су са тугом али и изненађењем посматрали како непријатељ надире у престоницу. Могао је да донекле разуме и њихову жалост и њихово разочарење, али они, свакако, нису могли да схвате шта је све он тада осећао.

За разлику од њих, он се радовао успесима Немаца у рату. Радовао се, мада не онако као када су ушли у Париз. Најзад, био је полу-Немац, околност која није могла да се занемари. „Слушај, ниси ти никакав полу-Немац“, отац га је упорно опомињао и исправљао када би приметио да у њему Србин није сасвим одумро. „Немац си, схвати већ једном!“ Бар сада, узбуђен јутарњим вестима, заиста се осећао Немцем. Победа опија, помислио је, чак и Немце какав је он! Како тек мора да опија Немце који, неоптерећени било каквим обзирима и разлозима, могу да се у оваквим тренуцима победа и славља поведу спонтано за својим осећањима. На жалост, није се убрајао у њих.

Већ дванаест година чика Соломон му је на савести, нарочито сада када се њему, Јеврејину, није добро писало. Тог шездесетпетогодишњег Јеврејина, чија се радњица налазила с друге стране улице, тачно преко пута прозора његове собе, никако није могао да заборави, а камоли да омрзне. Бесумње, разликовао се од оца који се, како му се чинило, више трудио да омрзне чика-Соломона него што је овог човека заиста мрзео. А најчудније је управо то што је чика Соломон имао повода да њих обојицу презире.

Било му је тада десет година. Волео је да се игра испред куће у Сарајевској улици, нарочито са Станком, својим вршњаком, који је становао у истој кући. Обично су шутирали крпењачу, коју је Станкова мајка умела вешто да направи. Понекад су један другог гађали ситним шљунком, који је испадао из таљига које су свакодневно тандркале њиховом улицом. Једном је један повећи белутак, који је он наменио Станку, промашио циљ и погодио излог чика-Соломона. Чуо се прасак, али се стакло није сломило. Само је напрсло на месту удара. Чика Соломон је излетео из радње и угледао га како пренеражен, скамењен, стоји на тротоару преко пута.

Свест да је учинио штету паралисала га је, утолико више што је Станко, чувши прасак, безглаво побегао, препуштајући њега, кривца, на милост и немилост трговцу.

– Побогу, шта уради – рекао је чика Соломон, посматрајући и опипавајући напрслину на излогу. Био је пре тужан него љутит. Опипавао је стакло и вртео главом. Ипак, каменчић који је био намењен Станку и који га је промашио, није сносио сву одговорност за општи изглед излога: у горњем, десном углу још одавно се налазила жуђкаста налепница на месту где је каменчић непознатог починиоца створио прву напрслину.

Пошто је извршио увиђај, чика Соломон је закључао врата свог малог дућана, галантерије, и упутио се према њиховој кући. Тресао се од страха, у уверењу да је причинио штету космичких размера. Али, у том тренутку спасла га је околност што никог није било код куће, ни оца, ни мајке, ни сестре. До расплета је дошло тек у подне, када је чика Соломон затекао оца за ручком. Објаснио му је шта је његов син, Вукашин, учинио, а за то време он је скрушено стајао не поричући ништа, у очекивању да се отац у гневу окоми на њега.

Потом су сва тројица отишли до чика-Соломонове радње. Оцу није промакла жуђкаста налепница, доказ да је излог напрснуо још пре него што га је погодио каменчић његовог сина.

– Шта, Ви мислите да сам луд! – рекао је отац пошто је констатовао чињенично стање. – Да платим за излог који је већ био напрсо! Шта све човек може од Јеврејина да очекује!? Било је то први пут да се отац погрдно изразио о Јеврејима и први пут како је и он сам схватио да ове људе не бије добар глас.

– Добро, добро – одговорио је на то чика Соломон, свестан да би било узалудно да се са оцем даље препире око надокнаде штете. А када су се после тога вратили кући, отац га је прописно истукао, стављајући бар њему до знања да за другу напрслину на излогу пуну одговорност сноси нико други до Вукашин Едлингер.

Од тога дана чика Соломон и његов излог усадили су му се у савест, зарили у њу као невидљива бодља која га је повремено све до ових дана подсећала на његов некажњени преступ. Колико пута је падао у искушење да, и против очеве воље, оде до чика-Соломона и скрушено га замоли за опроштај, свестан да би само по ту цену свој унутарњи мир могао да поврати, невидљиву бодљу из себе одстрани, буде поново чист и пред чика-Соломоном и пред самим собом.

Можда би свега тога био поштеђен да за све то време није готово свакодневно виђао старог Јеврејина или Бењамина, његовог сина, јединца, са којим је ишао у исту гимназију и са њим се често играо у дворишту или на улици. Као за инат, чика Соломон се није селио. Његова тесна и мрачна радњица стајала је ту не мењајући годинама свој изглед а самим тим остајала је напрслина и иста налепница, на месту где је његов белутак погодио, стално га подсећајући на први велики страх у његовом животу, али и на његову прву велику неискупљену кривицу. Мрља на његовој савести није никако бледела.

Ни сами догађаји му нису ишли наруку: неколико година после оштећења излога, Бењамин се удавио у Сави. Мајка је чак заплакала када је сазнала за ову несрећу, за разлику од оца који је за трагичан догађај окривљавао више чика-Соломона него саме околности. – Дао му је превелику слободу – рекао је за ручком, обраћајући се мајци. – Зашто му није забранио да одлази на Саву? Мајка је у име породице отишла на сахрану.

Бенционови су стоички поднели смрт свог јединца. Црнину нису годинама скидали, а Рифка све до свог краја. Свој бол и тугу носили су у себи, онако како их је судбина њихових предака научила: ћутке, без патетике. Радњу су већ сутрадан отворили, а чика Соломон је стајао и даље на вратима у ишчекивању купаца. Све је остало као пре, као да се у животу Бенционових ништа значајно није збило. Непромењен је остајао и излог са својим напрслинама, све до пред сам рат, када је чика Соломон, по свему судећи, стекао довољно средстава да реновира радњу и измени цело стакло на излогу. Но, то није имало никаквог значаја: осећање кривице је остајало, а околност што оштећени излог за овог Јеврејина није био разлог да током свих ових година испољи и најмањи презир према њима, Едлингерима, било је оно што му је најтеже падало.

Журио се Немањином. Кад год је слушао јутарње вести, излагао се опасности да закасни на посао. Био је тумач код једног од војних саветника Главног опуномоћеништва за привреду окупиране Србије. Зграда са моћним, високим стубовима на фасади, подигнута уочи рата, остављала је снажан утисак на њега: тек ту, у дугим ходницима у којима се мимоилазио са немачким официрима, понекад и са генералима, осећао је сву снагу и беспрекорну организованост Немачке. Отац, одавно један од водећих личности у Културбунду, успео је да га ту запосли и тако сачува од одласка на фронт, и он се сада налазио у склопу ове огромне, уходане машине, којој ништа на војном пољу није могло да се супротстави и која је већ пуном снагом надирала према Москви. Но, на његовој савести постојала је и даље иста мрља: и јутрос, излазећи из куће, морао је да се суочи са излогом чика-Соломона. Априлско бомбардовање га није разнело, већ каменице и штапови оних који су пре уласка Немаца почели да пљачкају радње у Сарајевској. Од излога су остали само рам и оштри парчићи стакла у њему, а од радње само празни рафови. Па ипак, и њу су конфисковали. Несреће су га редом погађале: прво Бењамин, затим, пре две године, умрла је Рифка, његова жена, а на крају изгубио је и радњу. Сада је становао сам у дворишту иза радње. Виђао би га понекад оседелог, прерано погрбљеног али, упркос свему, не и сломљеног.

И мајор Ханзен, његов шеф, свакако је слушао тог јутра вести. Његово мршаво, помало амимично лице, било је ведрије него обично. Који се Немац не би сада радовао!? Поново га, при погледу на мајора, обузе осећање поноса што се прикључио том волшебном апарату од чијег функционисања зависи судбина Европе, ако не и целог света. Могао је да схвати занос војника који сада освајају огромна пространства, могао да схвати и шта су све Немци, обични грађани, осећали када су слушали или читали вести са фронтова.

Поглед му се задржао на фиреровом портрету изнад главе мајора Ханзена, и то га по ко зна који пут подсети на Станка, најприснијег друга из гимназијских дана. Живахан, враголаст дух. Како је само подражавао Хитлера са филмских журнала када се обраћао Немцима! Кревељио се, млатарао рукама, пропињао се на прсте, вртео избезумљено главом, исколачивао очи, да би се одједном смирио, падајући у неку врсту транса и потом почињао поново да урла и да се тресе. Вешто је подражавао фиреорву боју гласа у изливима беса и хистеричним тирадама, иако Станку немачки у школи није била јака страна. И, заиста, сви би у разреду у тим тренуцима препознавали Хитлера, а неки би се смејали и до суза. Ни он тада није могао да се уздржи од смеха. Ипак, разликовао се од свога оца: најзад, његова мајка је Српкиња.

Сетио се дана свог дечаштва, када је са оцем одлазио у посету свом рођаку Карлу, Немцу из Панчева. Волео је те посете, али не само зато да би се играо са Ервином, већ и да би у његовом друштву разгледао гломазне немачке књиге о првом светском рату, препуне фотографија, цртежа или слика у боји, које су дочаравале сцене из великих битака. Прелиставао их је заједно са Ервином и готово са усхићењем посматрао страхотне сцене међусобног убијања, јуриша пешадије, борби прса у прса, двобоја на мору и у ваздуху, бекство поражених и ликовање победника, потапање циновских ратних бродова, спасавање посада на узбурканом мору, суновраћање запаљених авиона. Био је то рат који су централне силе изгубиле, али чије су битке на овим фотографијама и сликама оне надмоћно добијале. Те сцене, снимљене фотографски или насликане реалистички, до крајности су га узбуђивале: налазио је у њима неко узвишено безумље, неке страхоте, које су га, уместо да паралишу, испуњавале дивљењем, откривао у њима неку чудну лепоту, која није била ништа друго до лепота тренутка када се у ужасу какав је рат препознаје сва необјашњива моћ и људске и историјске судбине.

Ервин се у свему поистовећивао са Немцима и њиховим савезницима – Аустријанцима, Мађарима, Бугарима, Турцима. Није скривао свој занос пред њиховим победама на бојиштима у Француској, Галицији, Италији и Србији. Показивао је, сав срећан, прстом на Француза кога пробада бајонет Немца или на српске ратнике које, јуришајући на ровове, аустријски митраљесци немилосрдно косе. Реаговао је другачије од Ервина. Додуше, и он је био на страни Немаца и Аустријанаца, али само док су се тукли са Французима, Енглезима и Италијанима. Срби, војници у сивкастој униформи и са шајкачама на глави, били су му исто толико драги колико и Немци. Окретао је нагло странице када би се на њима они појављивали, увек поражени – у бекству, рањени или убијени. Према њиховим патњама није могао да остане равнодушан: чинило му се да је међу тим војницима, представљеним суровијим и грубљим од Немаца и Аустријанаца, препознавао људе сличне свом ујаку Вукашину. Ко зна?! Можда је у тим борбама учествовао и он, судски приправник кога је рат одвео на ратишта Цера, Београда и Албаније, а вратио у Србију искривљене, пробијене вилице.

Волео га је. Сем њега и мајке, његове сестре, ујак од најближих није имао никог. Није се женио. Да ли зато што му је метак унаказио лице? Становао је у њиховој близини, доносио му слаткише; водио на утакмице, а обавезно у циркус када би се обрео у граду. Уживао је да му прича, за разлику од оца, о биткама кроз које је прошао и опасностима којима се излагао. Поносио се својим ујаком, херојем, који је морао да искуси све оне страхоте које су огромне Ервинове књижурине приказивале. А у истом рату учествовао је и очев брат Руди али на тим сликама он за њим није трагао, заправо тада се њега уопште није ни сећао.

Чим је навршио шесту годину, отац га је уписао у немачку основну школу. Куповао му је немачке књиге, водио га је тамо где су се Немци састајали, трудећи се да га по сваку цену учини онаквим какви су били синови његових најприснијих пријатеља и рођака. Тешка срца је пристао да му на крштењу у католичкој цркви дају име Вукашин. Био је то крупан уступак који је Ханс Едлингер учинио својој енергичној жени Зорки Петаковић, Српкињи из околине Пожаревца.

Ујак је умро неколико година пре него што се заратило. Али, и да није умро, утицај оца би превагнуо. Набављао му је немачке књиге, плански ускраћивао српске, водио га све чешће код својих пријатеља, Немаца, куповао му за католичког Светог Николу и католички Божић поклоне, мада Зорки Петаковић није могао да забрани да и она прославља своје празнике онако како су је научили њени родитељи. Отац и мајка нису се због тога сукобљавали. Поштовали су договор: нека син буде католик на оца, а кћерка православка на мајку. Зорка Петаковић ни по коју цену није хтела да заборави своје Бадње вече: у њиховом стану морао је да се нађе бадњак, а сутрадан, ујутру, он би као положајник чарао по жару у шпорету и изговарао речи којима га је она научила. А упркос томе било је предодређено да се осећа Немцем.

Можда су томе допринеле и саме околности: другови, Срби, чак и сам Станко, звали су га још од малих ногу Шваба, надимак који је одиграо велику улогу у његовом коначном опредељењу. Своју улогу одиграла је и немачка основна школа, у којој је његово име Вукашин било потпуно подређено презимену Едлингер. Све су то, свакако, били разлози што улазак Немаца у Београд за њега није био трагичан догађај као што је био за Станка.

За разлику од својих другова, Срба, дивио се немачким тенковима, хаубицама, официрима, поносан што и он припада народу победника, мада је још истог дана његов занос спласнуо када је угледао прве заробљенике југословенске војске, уморне, одрпане, запуштене. Жене, па и мушкарци, заплакали су пред овим призором. Подсетио се тада ујака, Ервина и оних књижурина са сликама српских ратника које косе немачки и аустријски митраљесци и своје нелагодности пред таквим сценама и своје жеље да те странице што пре окрене. Нешто слично је осетио и гледајући заробљенике, са чијом судбином је увелико могао да се поистовети, упркос томе што се у души радовао доласку Немаца, победника. Но, осећање нелагодности држало га је тада само док није наишла колона немачких моторизованих возила. Просто га је опсенила: ова војска, помислио је, не може да изгуби рат.

Поглед му се још једном задржао на фиреровом портрету и Станко, враголасти имитатор, изађе му поново пред очи. Морао је да се насмеши. Мајор Ханзен и фирер изнад њега чинили су неку целину која му се учинила смешном само зато што је поред њих видео и Станка. Заиста, није могао да буде као отац. И он је према фиреру осећао страхопоштовање, мада му је у његовој физиономији нешто сметало, управо оно што се тек у Станковом карикирању неодољиво обелодањивало. Сметало му је и нешто у самој идеологији и поред тога што је њега, поготово оца, могла да понесе. Зар није довољно, често се питао, да као Немац воли изнад свега Немачку? Зар љубав према њој мора да се потврђује мржњом према чика-Соломону и њему сличним? Био је уверен да је и оцу у основи морала да буде туђа слепа мржња према људима расе чика-Соломона. Најзад, није ли отац себе донекле открио када је недавно за ручком рекао да би за чика-Соломона било најбоље да уместо Топовским шупама, сабирном логору за Јевреје, оде негде другде? Њихов сусед, Јеврејин, није, како се чини, ни њему излазио из главе. Можда је излог који је оштетио његов син био и њему непрестано на савести?

Последњих дана све је чешће размишљао о чика-Соломону. Ближио се дан, за који је преко Јефтићке сазнао, када је требало да оде у сабирни логор, а баш то му није никако давало мира. Наслућивао је из разговора са Немцима у Културбунду да се ништа добро не пише Јеврејима који се одазову на позив. Можда их је очекивало оно најгоре, а тешко је могао да се помири са тим да на његове очи чика Соломон пође тамо одакле нема повратка: савест се не растерећује нестанаком особе због које она тишти, разбијени излог не би излазио из његове свести и да чика-Соломона физички уклоне. Штавише, можда би му у том случају било још горе.

Више није смео да оклева. Још данас би требало да оде до њега и упозори га да сместа побегне. Рећи ће му да може да рачуна на његову помоћ: ако нема куда да се склони, онда би се он сам постарао да га смести на сигурно место. Већ је знао где и код кога: код тетке Симке, мајчине блиске рођаке у Коларима. Чак ће га и одвести њој, а ако затреба, сносиће и све трошкове његовог прикривања. Само по ту цену може да се одужи чика-Соломону, у очи му погледа без кајања и стида.

Стан чика-Соломона налазио се у кућици дубоко у дворишту иза његовог дућана. После уласка Немаца у собицу, која је некад била Бењаминова, покушао је силом да се усели подстанар код обућара Јефтића. Међутим, Јефтићка је о томе одмах обавестила мајку, а она оца, који је ту намеру благовремено осујетио. – За сада нека све остане по старом – рекао је отац писару кварта, који је овај случај требало да реши.

Стан Бенционових му није био непознат. Бењамин га је више пута уводио: први пут за неки јеврејски празник који је падао у време Ускрса, када га је Рифка послужила колачима какве код других није виђао, а једном га је Бењамин готово на силу довео само зато да му покаже гарнитуру алата коју му је послао ујак из Бугарске. Никада није имао разлога да Јевреје омрзне, поготово Бенционове.

Чика-Соломона је затекао у соби. По свему судећи, клонио се да у овим тешким данима за Јевреје седи пред кућом, иако је био почетак септембра а летње жеге још нису уминуле. Излазио је једино када је било неопходно. Јефтићка му је набављала све што је требало, а понекад би му и понешто скувала. Зидови су били голи, а из витрине на старинском креденцу у малој трпезарији сви предмети извађени, вероватно упаковани у две велике картонске кутије. Као да се селио. Већ се припремио, помислио је, тако да му одлазак у Коларе не би тешко падао.

– Чика-Соломоне –ословио га је прилазећи му. Старац је седео на столици са високим наслоном, тик уз врата. На крилу му је лежала нека стара књига. Дремао је, опијен врућином. – Дошао сам да Вам нешто предложим.

Старац се тргнуо. Није чуо када је прекорачио праг. Од почетка велике несреће за Јевреје и Србе видео га је изблиза свега неколико пута. Омршавео, зарастао у браду, остарео. Само су му очи остале исте, пуне благости и искрене помирености са судбином.

– Ти си то, Вуле. Надимак му није заборавио. У целој улици тако га је звао само покојни Бењамин.

– Чика-Соломоне – поновио је, стојећи и даље пред старцем, све узбуђенији, свестан да сада треба да се реши ствар, можда најважнија у његовом животу. – Јефтићка ми је рекла да прекосутра треба да одете на сабирно место.

– Јесте. Рекли су да дођем у логор код Топовских шупа и да понесем најпотребније ствари.

– Шта сте одлучили? Хоћете ли отићи?

– Наравно, шта бих друго? Немци се не шале.

– Што се тиче мене, ја бих Вам саветовао да тамо не одлазите. Не оклевајте: најбоље би било да некуд одете.

– Али, куда? Немам никог, чак ни даљег рођака. Уосталом, иста судбина чека све нас, Јевреје.

– Можда и не чека. Ја бих могао да Вас још сутра одведем код мамине рођаке на село, где бисте могли да останете све док опасност не прође.

Већ је имао разрађен план како да чика-Соломона доведе до Колара. Наравно, морао би да скрати косу и опрости се од браде, која је највише одавала његово порекло. Морао би да промени и име и да се представља као Србин, избеглица из Хрватске, који је једва извукао живу главу и у Београд стигао без личних докумената, а он би гарантовао његов идентитет.

Погледао га је, изненађено. Затим се на његовом лицу оцртао помало болан смешак, готово истоветан оном као када га је отац пре толико година увредио.

– Хвала, ти, Вуле што мислиш на мене, али ја остајем. Не бежи ми се нигде у мојим годинама.

Било је узалудно да даље инсистира: иако тих, глас је довољно уверљиво казивао о старчевој одлучности да се одавде не миче. Сопствена будућност није га превише заокупљала. Мирио се са својом судбином без икаквог претварања и туге, онако како то чине само они који су једном за свагда спознали колико је варљива граница између људског добитка и губитка, несреће и среће, и који чак и у самој смрти не виде оно најгоре. Долазио је узалудно, закључио је са жаљењем: тог човека сада није ништа покретало осим сећања на тужне и срећне дане прошлости, а све оно што је као будућност било пред њим чинило се, бар у овом часу, није могло да узбуди његову свест и његова осећања. Имао је утисак да се овај усамљени старац већ сада мирио са свим оним што ће му Немци приредити, као што је морао да се помири још одавно и са свим оним што су му некада други учинили. Чак и напрсли излог, помислио је, мора да сада лежи закопан у његовом сећању, попут толиких других несрећа и неправди. У ствари, стајао је пред човеком који је у неку руку савладао живот иако је живот према њему био крајње суров.

Но, упркос томе, хтео је да му, пре него што се опрости од њега, каже: „Знам, чика-Соломоне, да сам крив за сломљени излог и да је мој отац требало да Вам надокнади штету. Молим Вас да нам бар сада опростите“. Међутим, чика Соломон га је предухитрио.

– Седи ако се не журиш – и показа руком на празну столицу поред себе.

Није могао да га одбије. Сео је. У том гласу није било само искреног позива већ и неке притајене молбе, можда је у овом часу осећао велику потребу да са неким поразговара, прекрати самоћу на коју су га прилике осудиле. – Само тренутак – наставио је старац, устајући и приближавајући се двема кутијама које су лежале у углу собе. Биле су отворене. Претурао је неко време по једној од њих и извукао две фотографије.

– Да ли би хтео да ми нешто учиниш?

– Само реците, чика-Соломоне.

– Замолио бих те да ове две фотографије причуваш. Бар тебе Немци неће да дирају.

Узео их је без речи. Биле су то добро очуване фотографије. Бењамин из дечачких дана, са накривљеном гимназијском капом и римским III на њој. Живахан, безбрижан. На другој слици Рифка, још млада, али без младалачког елана у очима. Као да је још тада предосећала шта ће се све са Бенционовима десити.

Лакнуло му је. Не би му их давао на чување да нема поверење у њега, да њему и оцу није опростио, и у том тренутку зажеле да га загрли и да те танке, исушене, пожутеле шаке, са набреклим жилама, пољуби. Али, уздржа се, из неке глупе инер-

72

ције, иако је са огромним задовољством схватио да је постигао победу, за њега лично значајнију од оне коју су Немци постигли у Русији. Само је рекао: „Не брините, слике ће Вас чекати.“

Ни после растанка, чика Соломон му није никако излазио из мисли. У њима је био и сада, када је слушао последње вечерње вести. Немачке трупе су током дана још даље напредовале, још више се приближиле Москви. Поново је осетио понос што је Немац, што као такав има права да дели одушевљење осталих Немаца. Ипак, у њему није било исто задовољство као јутрос. Било је окрњено: тужне очи Соломона Бенциона однекуд су га непрестано посматрале.

РАСТАНАК

Залупила је врата за собом, снажније него обично. Није морала да их закључава, јер је у стану остао Немац који је јутрос дошао рано само зато да би био присутан у тренутку када она и отац буду одлазили. Као да се плашио да се неко пре њега не усели у њен стан, који су му окупационе власти доделиле. Чим су се она и отац одмакли од врата, чула је како се кључ окренуо у брави.

Немац се појавио јуче по подне, док је била највише заузета припремама за одлазак да би је, онако, с врата, упозорио да данас треба да напусте стан и њему предају кључ: била је готово сигурна да ће се он, колико још данас, уселити. Своје нестрпљење није крио.

Желела је да за собом остави уредан стан иако јој је сусетка Нинковић, чијег су мужа одвели у заробљеништво, саветовала баш супротно. Још јуче, пре подне, рекла јој је: – Да сам на твом месту, направила бих неред. Терају вас, а теби је стало до реда! Требало би још само да им и прозоре опереш. Ипак, није послушала Нинковићку, мада је морала против своје воље да оде из сопственог стана. Сигурна је да би и Нинковићка учинила исто да је на њеном месту: најзад, стан је део тебе чак и када те силом из њега терају.

Немац, који је још пре две недеље разгледао стан, није у први мах одавао грубог човека. Био је овдашњи и говорио је течно српски. Ипак, није се нимало нелагодно осећао када јој је саопштио да су му власти доделиле њен стан. Сматрао је да је то нешто толико природно – као да је он одувек становао у њему. А јутрос њу и оца није ни поздравио. Био је крајње званичан, готово арогантан: неко са стране имао би утисак да он њу и оца сматра уљезима и да се са пуно права према њима тако односи.

Погледала је још једном месингану плочицу на вратима. Дорнфелд. Оставила је, јер није желела да је сама скине. Можда је погрешила што је није скинула, јер ће је Немац, свакако, уклонити још пре него што се нађе на улици. Уосталом, шта ће јој када су је лишили стана, до крајности обесправили?

Оца ће одвести на Ташмајдан, како су Немци наредили групи Јевреја којој је отац припадао, а после тога ће она, сама, отићи код Марице, своје најбоље другарице из гимназијских дана, која је са мајком живела у четворособном стану. Пре неколико дана пренела је код ње своју и очеву гардеробу, а остале ствари морала је да остави. Зашто су морали да их раздвајају, отац на Ташмајдану, а она у неизвесности све до новог наређења?

– Пази, тата – рекла је. Отац, у црном оделу, белој кошуљи, коју му је синоћ испеглала, са хасидским шеширом, почео је да се спушта низ степенице. Лифт још од бомбардовања није радио, становали су на трећем спрату.

Оца није могла да држи за руку. Носила је два омања кофера пуна ствари и велику торбу преко рамена. Дозволила му је да преко руке понесе само једну ствар: његов дугачки, црни зимски капут, такође хасидског кроја.

Одлазили су. Сигурно је да ће и њу једног дана, можда ускоро, Немци да позову. Нису је тек реда ради опоменули да се по напуштању стана редовно јавља. Бесумње, завршавало се једно поглавље у њеном животу, помислила је, силазећи лагано, обазриво, мотрећи истовремено и на оца. У овој кући, у Поенкареовој, није се родила, али је провела последњих двадесет година. Одлази сама са оцем. Можда је и боље тако. Како би се тек осећала да на Ташмајдан води сада и рођену децу! Лакше би јој било да и отац није поред ње тако стар, несналажљив, право дете. Шта ће бити са њим када га за који минут остави самог, без њене бриге и без његових књига. Да је бар неко уз њега, неко од блиских, познатих. Можда Рафаел.

Бесумње, осећала би се другачје да је сада поред ње и оца и Рафаел. Истина, само присуство Рафаела не би битно изменило целу ситуацију, али се можда не би осећала тако празном, беспомоћном. Немци би и њих раздвојили, као што је сада раздвајају и од оца. Можда би, да није отпутовао, сада заједно са оцем одлазио на Ташмајдан. И то би било боље него да сада отац одлази сам.

Оставио ју је без правог објашњења и без правог извињења. Учинио је то још пре него што су Јевреје почели да прогоне у Немачкој. Није тако поступио ни из какве слутње или далековидости. Отпутовао је неочекивано свом брату од стрица, који се у Кејптауну одлично снашао. Да ли је жеља за брзим богаћењем потисла у њему све обзире или, како је хтела да чврсто поверује, што после смрти њене мајке није желео да живи са њом и оцем? Никада није успела да сама себи довољно објасни због чега је за њега смрт њене мајке могла да буде тако пресудна: да ли је само у њеној, живој, мајци видео јемца да ће њих двоје после венчања моћи да живе сами – мајка и отац у једном стану, она и он у другом? Или је њена велика приврженост оцу била она сенка која је све кварила? У сваком случају, променио се после мајчине смрти, и једног дана, на њено запрепашћење, саопштио јој да одлази у Јужну Африку. Чак и сада, силазећи низ степенице, забринута због свега што њу и оца очекује, тражила је безуспешно одговор на једно вечито питање: зашто ју је Рафаел оставио?

Други спрат. Било је спарно, загушљиво. Дуго, топло лето загрејало је полумрачно степениште, које обично дуго одолева јари са улице. Била је топла и последња ноћ која је остајала за њом као тешка мора, само повремено прекидана кратким сном. Отац је обазриво силазио, тражећи слободном руком ослонац о зидове степеништа. И поред одмаклих година, силазио је некако живахно, попут радозналог дечака, свесног да креће у сусрет новом доживљају. Изашао је први пут после толико времена, ни сама не зна откад, и питање је да ли би икад изашао из стана да их Немци на то нису приморали.

Трговина га никада није занимала. Наследио ју је од оца као јединац. Радња се налазила у центру, и неко време ју је чак и успешно водио. Бесумње, било је то из неке инерције: купци су долазили из навике, али већ друге године промет је почео да јењава. И шта је друго преостало него да бригу о трговини преузме мајка, а после њене смрти – она сама, и поред тога што се, на своју велику радост запослила у Народној банци. Ни тада радња није напредовала, али ни назадовала. У прво време отац је у њој само фигурирао, да би се касније сасвим повукао.

Није био лењ. Само, уместо трговине њега је нешто друго привлачило: свет који није могао ни да се види ни да се опипа, али који је човек попут њега сматрао истинитијим од свег другог. Тај свет је налазио у књигама, и то у оне четири које су непрекидно лежале на његовом столу. Три на хебрејском, којим он у почетку није владао, добро га упознавши тек кад се отарасио радње. Није знала хебрејски и никада није могла да сазна какве су то биле књиге, за разлику од четврте, знатно тање, Новог Завета, који се једног дана, убрзо после мајчине смрти, нашао на његовом столу. Над књигама је бдио до касно у ноћ и од њих се тешко одвајао, као мајка од новорођенчета. Колико пута га је затекла заспалог са образом на отвореној књизи. Морала је да га буди и силом тера да легне. Шта је налазио у овим књигама, никада то није могла да схвати, али, мора да призна да се није много ни трудила да то схвати.

Нико од његових предака није био ни коен ни рабин. Сви су се бавили трговином и захваљујући њој опстајали, одолевали свим искушењима и погромима. Трговина је и очевог оца довела, још пре Првог светског рата, из Буковине у Београд и за кратко време учинила имућним и угледним становником престонице. Али, отац као да није био Дорнфелд: проценти, марже, камате, менице нису биле ствари које су га судбински заокупљале иако су Јевреји од тих ствари морали да живе.

Када се удала за оца, мајка није ни слутила за каквог човека се везала. Тек касније, пошто је њу донела на свет, схватила је да га је једна чудна вера, која није у свему била јеврејска али и која га од јеврејства није ни отуђивала, чудесно заробила. Због ње се све више повлачио у себе, и на чуђење његових родитеља и пријатеља, због ње све ређе одлазио у храм петком пред вече, чак и за Песах и Јом Кипур. Очигледно, своју веру није налазио у храму већ у својим књигама, од којих је једну, ону на хебрејском, хтео синоћ да стави у кофер. „Шта ти је, тата?!“, рекла му је. „Зар хоћеш још више да изазовеш Немце?!“ Три од четири књиге пренела је, на његово велико инсистирање, заједно са гардеробом, код Марице.

Никада није говорио о својим књигама, још мање о својој вери. Једном је Лони Гутман, један пријатељ који је на своју срећу умро пре рата, разгледао очеве књиге. Потом је рекао мајци: – Рекао бих да Емил није хасид, није ни кабалиста, нити циониста. Не би се рекло ни да је прешао у хришћанство, иако му је на столу Јеванђеље. Само Бог зна шта је.

Његова вера била је његова лична ствар са којом сада одлази на Ташмајдан. Ипак, могла је да буде радозналија и да се потруди да бар нешто докучи о ономе што га је толико заокупљало и због чега је оставио радњу, повукао се у себе и мајку унесрећио. Сада је већ касно. Сетила се давних година када је са оцем отпутовала у Буковину само зато да би посетио једно село у близини пољске границе. Није му знала име, али га памти по ниским кућама, улици са неправилним дрворедом и мушкарцима дугих брада, који су чак и лети носили црни шешир и црно одело истог кроја као отац сада. Одсели су код његовог брата од стрица, кројача, са којим се повремено дописивао. Никада неће заборавити ону чисту малу собу са широким креветом који је мирисао на тек покошену ливаду, велику црвену менору извезену на гоблену изнад узглавља, љубичасте петуније на уском двокрилном прозору, које су у сумрак својим мирисом испуњавале собу до засићења. Увек се будила са утиском да је и у овој кући али и у читавом месту, све некако другачије него било где у свету: време као да није протицало и као да су се догађаји само необјашњиво понављали уместо да се одвијају као у Београду. Понекад јој се чинило да се, ни сама не зна како, обрела у некој бајци у којој је и њој самој додељена извесна нејасна, недовољно одређена улога. И сам отац, о коме никада није размишљала нити покушавала да га објашњава, бивао јој је ту, у селу, помало чудан, готово тајанствен: као да је тек у овој средини поново налазио себе и осећао потребу да надокнади све што му је у Београду можда било ускраћено, макар се због тога отуђивао и од ње, своје кћерке. Са овог пута вратио се у истом оделу у коме је сада одлазио на Ташмајдан.

Управо када су сишли до првог спрата, отворила су се врата Живковићевих. Госпођа Даница, која их је често посећивала док је мајка била жива, држала је зембил у руци. – Зар већ одлазите? – упитала је изненађено. Хтела је, очигледно, још нешто да каже, али се уздржала. Нема сумње, схватила је да би свака реч у оваквој ситуацији била излишна, неподесна. Ни она сама све до овог часа није веровала да ће они морати да напусте стан. Међутим, одлазили су на њене очи и њено изненађење. Застала је у вратима. Није их затварала, ваљда из неког обзира према њој и оцу – да их не би болно подсетила на то да су у целој кући они једини који сада, уместо на пијацу, крећу у сурет неизвесности које би се сви клонили. Осећала је за собом сусеткин поглед, нелагодност жене немоћне да било чим измени њихову ситуацију, али свесне да у овом тренутку она њима само својим ћутањем може да изрази своје поштовање и испољи своје саосећање.

Одлазе. За који тренутак наћи ће се на улици. Немац је остао горе и са њиховим стварима је могао да ради шта год је хтео, као што су радили и са робом коју су затекли у радњи. Никога да их заштити или да им бар буде од неке помоћи. Сетила се дединих прича о погромима у Галицији. Убијали су Јевреје и спаљивали. Само, онда су сви заједно патили и заједно умирали. Можда је то било лакше него овако, када човек одлази сам самцит у крајњу неизвесност. Уосталом, ако мене и убију, помислила је, није ни то најгоре. Бар да то буде тренутна смрт, без ишчекивања и без мучења. Али, отац! Са својом смрћу се лако мирила, чак и да јој претходи дуго, понижавајуће злостављање. Но, никако није могла да се помири са могућношћу да оца злостављају и убију: управо сада, када је одлазио и када је требало да се растану, схватила је колико је он значио за њу, колико је испуњавао празнину што је у њој после Рафаеловог одласка тако дуго зјапила. Најзад, имала је само њега.

Оца је силажење ипак замарало. Када су сишли у ходник, застао је. Дисао је убрзано, а на челу му се појавише грашке зноја. Гледао је у њу, као дете недовољно свесно оног што се око њега збива. Зашто и он није умро пре овог одласка, као Лони Гутман? Одлазила би сама, растерећена једне тешке бриге, спремна да стрпљиво, без очајања, поднесе све оно што би Немци могли да јој приреде.

Продужили су ходником и убрзо се обрели на улици. Иако јутро, била је жега. Сунце је већ пржило. Боже, како отац изгледа! Била је запањена: обасјан сунцем на отвореном простору, први пут после толико времена, чинио јој се другачији него горе, на трећем спрату, где су сунчеви зраци продирали само лети у касно поподне. Као да то није био он. Његова старост, тек сада, на улици, схватила је, била је достојанственија и узвишенија него што јој се раније чинило. Зар је требало да их Немци попут кртица истерају из куће да би најзад увидела каква је старост њеног оца! Све је на његовој глави, осим црног шешира од чоје са широким ободом, било нестварно, готово светачки бело: почев од косе која је вирила испод шешира и допирала до рамена, до браде, сјајне као сребро. Године су му се огледале у дугом, готово провидном носу, његовим погрбљеним леђима, тамноплавим очима засвођеним танким, белим обрвама, које су уместо старачком празнином и животним замором, биле и даље испуњене и неком нетакнутом живошћу и радозналошћу, и неком чудном надом. Можда је слутио да, напуштајући свој дом, одлазе тамо где ће све бити другачије, али страха од неизвесности, који је њу паралисао, на његовом лицу уопште није било. Као да се ништа у њему самом није догодило када се нашао на улици: и даље је, рекла би, живео у свету који је налазио у себи и у својим књигама и који је чак и сада, на неколико минута од Ташмајдана, за њега лично морао да буде важнији и стварнији од свега другог. – Тата – хтела је да га загрли да су јој само руке биле слободне, и да му каже колико је срећна што га види таквог, помиреног са својом судбином, нетакнутог зебњом и страхом од оног што њега, Јеврејина, очекује. – Тек сада сам увидела да онако погрбљен над својим књигама ниси залудно трошио своје сате, свој живот, већ да си се још тада припремао да овај дан великог искушења прихватиш без горчине и очајања, и погнуте главе, без страха, саслушаш пресуду коју ти је судбина, као толиким нашим прецима, изрекла. Заиста није живео узалудно, помислила је, радосна због овог сазнања али и болно свесна колико је њен лични живот, баш због њега таквог, остао јалов, неиживљен.

Отац је жмиркао, стојећи на истом месту, у очекивању да она прва крене. Сунце му је сметало. Али, он није жмиркао само зато већ и што се још није навикао на улицу, свет од којег је тако дуго био одвојен. Као да чак ни околне куће, поред којих је некада толико пута пролазио, није више препознавао. –Тата, десно – опоменула га је. Хтео је да пође погрешним правцем.

Продужили су. Није желела да се осврне још једном, погледа кућу у којој је више од половине живота провела. Треба све да заборави, то још једино преостаје када јој већ недостаје прибраност и спокојство који испуњавају њеног оца. У сусрет су им ишла два млада немачка војника. Један од њих је задржао поглед на очевом оделу, жутој траци и коферима у њеној руци, и онда скренуо поглед, уозбиљивши се. Тако се не понашају они који нас мрзе и презиру, помислила је, готово дирнута овим сазнањем, подсетивши се истовремено и пређашњег сусрета са госпођом Даницом: све је указивало на то да је и овај сусрет био неугодан младом Немцу, свесном тога да се са њим овог тренутка укрштају, можда и његовом сукривицом, две судбине тако неравноправне и различите од његове.

До тренутка растанка са оцем остало је тако мало времена. Ужаснула се: тај растанак, осећала је, биће тежи и од саме смрти.

БЕКСТВО

Дарко Лонго. Фотографија је његова, али не и
име. Под тим именом он, Берни Краус, требало би
најкасније сутра да пређе преко моста и ступи на
тло које више не припада Београду. На први по-
глед све је у реду: и заглавље, и печат, и све остало.
Документ који му отвара пут за Сплит стајао га је
више од половине оног што му је од златника и
страног новца преостало. Упркос свему, стрепео је
од сутрашњег дана, питајући се и даље: да ли је бек-
ство, одлазак из Београда право решење? Да ли је
у овом парчету хартије спас или пропаст?

Још од јуче са све већом зебњом размишља о
исходу бекства, сумњајући помало и у Виторија,
без обзира што му је он друг из детињства и што до
сада није имао никаквог озбиљног разлога да по-
сумња у њега, Италијана по оцу, Србина по мајци.
Дружили су се све док није после мајчине смрти
прешао код баке у Аустрију, а наставили су дру-
жење и када се после толико година вратио у Бео-
град. Нешто их је, упркос томе што су се толико
разликовали, и даље привлачило, осећали су да не
могу тек тако да отпишу и забораве године које су
заједно у игри провели и заувек се отуђе иако се
пре рата нису тако често виђали. Виторио га није
заборављао ни када су Немци загосподарили Бео-
градом. Штавише, посећивао га је чешће него ра-
није, храбрио и бодрио. Пре десетак дана изненадио га је једним предлогом: рекао му је да би за по-
замашну суму могао преко својих веза да му обез-

83

беди пропусницу за Сплит, а одатле и евентуалну везу за Лисабон.

Има поверења у њега, мада би због онога што зна о њему требало да буде нешто обазривији: иако започета права није завршио, у животу је, бар до сада, далеко боље прошао него многи који су студије окончали. Доста висок за Италијана, црне, праве косе, шиљастог носа и уског лица, сналазио се успешно у пословима за које никаква диплома није била потребна: играо је на берзи, кладио се на коњским тркама, бавио се купопродајом кућа и аутомобила. Увек кицошки одевен и увек пун пара иако није штедео: волео је жене, фудбал, одлазио бар двапут годишње у Италију и сваки пут се враћао све одушевљенији постојбином свог оца, кројача из Тревиза. Сматрао се Италијаном, мада му се мајка, Крушевљанка, није одрекла ни своје вере ни своје славе. Пред сам рат почео је да се виђа са саветником италијанског посланства у Београду, а већ десетог дана по паду Београда успоставио је везу са мајором, командантом италијанског одреда у граду под немачком окупацијом.

Знао је да се пријавио као Јеврејин. Долазио је, бодрио му дух, али не вестима са фронтова већ својим оптимизмом, којег је имао на претек. Било је у томе и неког хвалисања, доказивања како је он, иако далеко скромнијег порекла, успео у животу, више него он, дете имућних Јевреја, унук бечког богаташа. Слушао га је са нескривеним интересовањем, завидећи му на његовој слободи и безбрижности у данима који су за већину Београђана, поготово Јевреја, били све тежи, али се у исти мах и мирио са оним што му је судбина доделила. Изненадио га је када је предложио да му преко својих веза са Италијанима набави пропусницу за Сплит.
– Скупо ће те то стајати – рекао је – али је свакако боље него да имаш посла са немачким логорима. Након дугог колебања, прихватио је понуду, мада се и даље питао: има ли уопште смисла да у таквим околностима бежи?

Практично, био је већ спреман за пут, тачније – за неизвесност. Понеће само несесер са најнужнијим стварима. Фунте и доларе, срећом крупне новчанице, сакрио је у поставу сакоа. Но, шта ако га претресу? Та мисао га је опседала: надолазила је у његову свест готово у правилним размацима и увек обесхрабривала. Можда је боље да се не удаљује из Београда, па да са осталим Јеврејима дели заједничку судбину него што креће потпуно сам у непознато, у страдање можда теже него што га овде очекује. Непрекидно се питао: да ли ће у Split-у затећи Вицка Бјанкија? Није сумњао у то да тај човек постоји, али и њему се може као сваком другом, догодити нешто непредвиђено. А какве га тек неизвесности очекују уколико продужи за Лисабон, крајњи циљ његове авантуре? Помисао на то га обесхрабрује готово исто колико и помисао да сутра треба да крене звездама.

Ништа му друго не преостаје него да као клатно шета између широког кауча изнад којег су висиле три слике и прозора окренутог Дунаву, Банату. Тамнозелена водена трака текла је између шумовите обале и оне друге, јужне, чију су лепоту ружиле многе неугледне куће и фабрике. Све је било као пре рата, бар са његовог прозора нису се запажали трагови немачких бомби. Као да је рат пре стање у њему самом, блиска катастрофа која бар у овом часу није имала ничег стварног, опипљивог, него стање у самом свету: река је спокојно, без нервозе текла, а шумовита равница се далеко на северу, као и увек, некако равнодушно, неосетно стапала са небом. Међутим, за њега, путника, бегунца, сутра ће све да буде другачије: удаљаваће се све више од овог њему тако присног света који ће неминовно, као и све оно што је раније доживљаво и гледао, добијати само својство људског сећања. Бежаће у нешто далеко, непознато.

Одвојио се од прозора и пришао портрету у уљу, са чије обе стране висе увеличане фотографије оца и баке у тамним рамовима, неупоредиво мање од уметничке слике. Распоред му се никада није много свиђао, али такав мора да остане, без обзира на све. Величина рамова није одређивала распоред. Одређивало је нешто друго: околност што је у средини по сваку цену требало да се налази портрет никог другог до његове мајке.

Мајка! Осамнаестогодишња девојка коју болест још није начела, или се можда још није у довољној мери испољила, створење чије су тамне очи, рекло би се, још тада, с краја прошлог столећа, са притајеном зебњом гледале некуд далеко, можда чак и у тренутак који је он, бегунац управо преживљавао. Било је довољно да је види онако крхку, нежну, у белој чипканој блузи, црном шеширу са великим ободом и бисерном огрлицом око танког, дугог врата, па да увек са истим интензитетом схвати шта је значила и шта и даље значи за њега!

Још као дечак, када је смрт већ физички одвојила од њега, он је, стојећи пред овом сликом, сведоком укуса и расположења њему тако драгог времена, желео да у њеном девојачком погледу по сваку цену открије преданост и нежност према њему, иако је у тој његовој жељи било чистог бесмисла: тако млада, лепа, замишљена и помало меланхолична она се још није била ни удала, ни њега родила! Ипак, сви ти разлози нису га обесхрабривали јер је упорно себе самог уверавао да је она само негде нестала и да и тако невидљива и далека није престала да му се обраћа својим тамним, крупним очима, изражавајући неуморно своју несмањену љубав према њему, свом сину. Одбацивао је одлучно помисао да их је сила каква је смрт могла трајно да раздвоји, убеђен да мајка, баш таква каква је на слици, негде постоји, загледана у њега и брижна због њега, поштеђена старења, спремна да се једног дана врати њему, у простор и време из којег је тајанствено, попут сна, ишчезла. У ствари, није то могла да буде смрт, њене очи су га уверавале, већ само једно чудно, необјашњиво, привремено ишчезнуће, борављење у свету невидљивом а не непостојећем.

Шта да ради са овом сликом и ове две фотографије? Да замоли Виторија, када предвече дође, да их понесе и чува код себе док се он не врати из иностранства, или да их остави на зиду, препусти њиховој судбини? Најрадије би их понео, што је неизводљиво: мора да се од њих опрости, без обзира остави ли их на зиду или повери Виторију на чување. Биће то, у сваком случају, још један растанак и са мајком, и са оцем, и са баком. Најзад, нису ли растанци са свим оним њему најдражим били готово сав његов живот, његова судбина? Међутим, сада се није само растајао: сада је требало да бежи.

Још откако зна за себе, чезнуо је за мајком, младом женом необично црних, изражајних очију и чудно белог лица, бељег од оног на портрету. Плућни болесник, избегавала је да га привије уза себе, а он је још тада осећао колико би била срећна да може слободно да му принесе своје лице. Никако се није мирио са тим да од мајке буде одвојен невидљивим зидом, несвестан разлога због којег он постоји. Дозивао је у сну, пружао руке за њом у јави, плакао, не знајући да му се она не приближује једино из превелике љубави према њему, а када је то схватио, ње већ није било.

Болест је савладала његову мајку, кћерку имућног бечког Јеврејина, банкара, и имућне Бечлијке, Аустријанке. Оболела је рано, готово одмах по његовом рођењу, што је приморавало да лета обично проводи по санаторијумима и планинама, а зиме у хотелима и вилама на мору. Виђао ју је недовољно, углавном када би се донекле опорављена враћала на краће време у Београд или када би га отац водио са собом у Беч где је мајку неговала бака. Са каквим је само нестрпљењем ишчекивао такве сусрете који за њега нису били само разлог да се грчевито приљуби уз мајку, већ и прилика да из њених очију закључи да ли га и даље подједнаком љубављу воли. У ствари, био је љубоморан на њену болест, убеђен да само због тога мајка не може да се посвети њему онолико колико је од ње очекивао и колико је захтевао. Бесумње, цело своје детињство он је, растрзан између Београда и Беча, присвајан од баке, и оца који у оно време није никако желео да се одвоји од њега и препусти бригу мајчиним родитељима. А сада, после свега што је проживео, ништа му друго не преостаје него да у овим годинама сам самцит бежи.

Ни отац, на фотографији, коврџаве кратке косе, високог чела, узаног лица и ситних, проницљивих очију није скривао своју љубав према њему. Али, та љубав се изражавала другачије од оне мајчине: куповао му је играчке, водио у шетњу, чак и када су га банкарски послови притискивали, трудећи се да његов син што мање осети недостатак мајке. Тада није сумњао у то да би отац ради њега поднео и највећу жртву, лишио се свега, али све је то било далеко од оног што је налазио у мајци када би се после недеља и месеци њеног одсуствовања нашла крај њега. Мајчине очи више су казивале од свих поклона и нежности: иако осенчене тешком болешћу, биле су пуне жудње за животом и пружале саме по себи доказе њене љубави, које није морао да проверава или да упоређује са било чим. Чинило му се да је све на њој и у њој било испуњено љубављу према њему: и у обичном додиру њених руку и у њеном благом осмеху налазио је довољну потврду њених осећања. А какво га је тек блаженство испуњавало када би загњурио своје лице у њено крило а њени прсти прелазили нежно преко његове главе! И од ње је остао само овај портрет, рад бакиног рођака, бечког сликара, који је у мајци деведесетих година прошлог века откривао свакако нешто друго него што је он, њен син, у њој сада налазио и препознавао.

Једног поподнева, можда најхладнијег дана читаве зиме, отац му је, чим се он, поцрвенео од студени вратио са санкања на падинама Калемегдана, саопштио без икаквог објашњења да путују за Беч. Предосећао је да се нешто крајње значајно у њиховом животу догодило или ће се најскорије догодити: на писаћем столу у очевој соби налазио се отворен телеграм. Брзо и спретно отац је паковао кожни кофер; два сата касније, били су у купеу прве класе, на седиштима пресвученим тамноцрвеним плишем. Мрак се већ био спустио.

Чим је воз кренуо, отац га је наговорио да се испружи на два седишта, иако му се још није спавало. Покрио га је пледом. У почетку, претварао се да спава: у то време он се у соби или на улици још играо. Али, није му се спавало само због тога: налазио је готово неку разоноду у томе што са тако малог растојања посматра оца, сувише узнемиреног да би могао да се скраси на свом седишту. Сваки час је устајао, гледао у цепни сат, приносио лице прозору, на коме се чак и на унутрашњој страни нахватала танка скрама леда, гребао махинално по њој, пратио варнице које су попут свитаца летеле кроз ноћ, и поново седао, главе загњурене у руке. Очигледно, време му је споро одмицало. Вагон се тресао, точкови су ударали и повремено шкрипали а у плавичастом полумраку разазнавао је очево уморно, забринуто лице, слутећи да њихово путовање кроз ноћ није ништа друго до путовање у сусрет каквој несрећи.

У Беч су стигли око поднева. Мраз је стезао још више него у Београду. Баку нису затекли код куће. Чекао их је деда, лица ништа мање забринутог од очевог. Непун сат касније, кренули су фијакером. Беч је био покривен снегом који је током ноћи нападао, а управо када су се нашли код Шенбруна, из облака се појавило зубато сунце. Из ноздрва коња пара је излазила као из локомотиве, а отац је возача молио да вози што брже. Баку су затекли на клупи, ишчекивала је нестрпљиво њихов долазак. Појурила им је у сусрет чим их је у дну ходника угледала.

Мајка је спавала лица окренутог прозору, кроз који су продирали сунчеви зраци. Још са врата је схватио да су сви они дошли да присуствују њеном крају. Дисала је шумно, убрзано. Нису желели да је буде. Али, она их је, можда и кроз сан чула. Окренула је главу и прво њега угледала. – Берни, сине мој – рекла је на немачком, онако како само она може да каже, покушавајући уз велики напор да се придигне и да га загрли. Овог пута, бака се није противила да јој се приближи. Мајка га је готово грчевито загрлила, привила му главу на груди и заплакала. Чуо је како јој срце лудо куца. Очи су јој биле крупније и сјајније него икад: као и увек, говориле су истовремено и о некој силној жудњи за животом и о неком мирењу са судбином, својим крајем. Умрла је сутрадан.

Са мајчином смрћу окончало се једно поглавље у његовом животу. Вратио се са оцем у Београд, иако је бака преклињала оца да га бар у прво време повери њој. Но, отац није пристајао да се одвоји од њега. Довео је у кућу Јохану, пола Немицу, пола Мађарицу, старију жену која се својски бринула о њему. Но, бака се није предавала: бомбардовала их је писмима, слала књиге на немачком, штрикала џемпере и рукавице, молила да јој што чешће пишу. Када је он, њен унук, био у питању, ништа јој није тешко падало: посећивала их је бар трипут годишње, проводила готово сваки тренутак уз њега, спавала у његовој соби. Устајала је ноћу, покривала га као некада отац у возу, ослушкивала његово дисање, осматрала чак и у мраку његово лице и понекад клечала пред голим зидом и молила као пред каквом иконом.

Затим је умро деда, повод да са оцем још једном неочекивано путује ноћним возом. Само, сада је било лето. Дозволили су му да мајчиног оца види у ковчегу. Колико је мајка личила на њега мртвог! Сахранили су га у породичној гробници. – Сада су заједно, мама и деда – шапнуо му је отац када су ковчег конопцима спуштали у пространу гробницу. На црном граниту златним словима било је исписано и име његове мајке на оба језика, и немачком и хебрејском: Маргарете Краус, рођена Розентал.

Већ у својим педесетим, бака је остала сама. Није имала никог, ни брата, ни сестру. Имала је само њега. Преселила се, не питајући оца, у Београд. Неко време је становала код њих, али је после једног сукоба са оцем прешла у оближњу кућу, и наставила да се брине о њему, а степен њене бриге водио је неминовно све чешћем сукобљавању са оцем и Јоханом.

На крају, њена упорност је победила: две године после дедине смрти отпутовао је са баком у Беч. Имао је утисак да га је бака украла и са њим побегла. Ни данас му није јасно због чега је отац морао да попусти пред баком: зато што више није могао да се са њом бори или је постојао неки други разлог? У сваком случају то га је болело; осећао се изиграним, ако не и изданим.

Бака! На фотографији само њена глава из времена када је после дедине смрти живела у Београду. Густе таласасте светле косе, крупних, плавих очију, које на слици ни приближно нису говориле о њеној чудесној упорности и енергији. Корачала је ситним, брзим кораком, чак и као жена позних година. Испрва му је сметала њена претерана брига, али током времена навикао се на њену тиранију јер у њој није откривао ништа лоше.

Није штедела: поручивала му је одела код најпознатијих кројача, куповала му најфиније ципеле, водила га у оперу и позориште, учио је код куће француски и италијански, морао да под њеном контролом свакодневно понавља клавирске вежбе: своју енергију, довољну да управља десеточланом породицом, трошила је превасходно на њега. Знао је да то чини једино из превелике љубави према њему.

Колико пута су боравили у Абацији, Венецији, Карлсбаду! Власница виле у Хицингу и бројних уносних акција могла је себи и њему да приушти такав луксуз. Поред ње се навикао на безбрижан живот, велике отмене хотеле са собама окренутим мору или баштама, сродио се са холовима и салонима који су својим сјајем прикривали или искривљивали истину о животу, уживао у обедима служеним у светлим, пространим трпезаријама, налазио задовољство да у њима, полузатворених очију, кроз звекет тањира, ослушкује пријатни жагор, распознаје у њему глас или смех њему већ добро знаног госта. Све је то било саставни део ритуала у коме су само малобројни могли да учествују, лепота једног времена, која је утолико више опијала уколико је човек бивао свеснији њене пролазности, непоновљивости, али и уколико му је омогућавала да осети и сву заводљивост илузије о сопственој слободи.

Колико је Јеврејин? – по који пут се питао, ишчекујући Виторија. Да ли је он то уопште, упркос Бар-мицви на којој је отац, иако га је препустио баки, одлучно инсистирао, и упркос својој крви, коју су закони обнародовани у Немачкој проглашавали прљавом, семитском? Ово питање увек би га враћало у детињство, у дане Божића, које је проводио са оцем, баком, дедом и мајком, кад би јој здравствено стање дозвољавало. Јелка, богато окићена, са великим анђелом на врху. Разнобојне свећице су гореле, а мајка га је дизала са напором, када за то дође време, да их он својим дахом гаси, у чему је уживао више него када су их мајка и бака палиле. Иако Јевреји, отац и деда су учествовали у слављењу овог празника, на коме је бака толико инсистирала. Нису јој се супротстављали; бесумње, само због њега, свесни колико се он таквим часовима радовао. Прослављали су и Пурим и Песах, али са далеко мање ревности. Очигледно, бака до њих није много држала.

Па ипак, сутра као Јеврејин, мора да бежи.

Андреас и Ноеми! Нема их поред мајке, оца и баке, иако је и њима на зиду требало да буде места: и они су оставили свог трага у његовом животу, који из његовог сећања никако да избледи, испунили га нечим што заувек остаје! Андреас! Аустријанац, аријевац, његов најдражи друг из гимназије. Смеђ, крупан, нешто нижи од њега, сивкастих очију, осенчених неком благом меланхолијом, која је, и кроз дебела сочива наочара, давала особен печат његовом округластом лицу. Рано је схватио да је Андреасу, детету растављених родитеља, преко потребан, али да је и Андреас потребан њему. Можда их је сличност у њиховој судбини највише привукла: обојица јединци и обојица приморани да живе у окрњеној породици. Одлазили су заједно на излете, скупљали поштанске марке, читали исте књиге, сате проводили над великим Мајеровим атласом и малим бродским компасом, рођенданским поклоном.

У кутији од махагонија, компас је био справа која је, њих, дечаке, највише узбуђивао. Захваљујући Андреасовом стрицу, умели су да израчунавају азимуте и да у својој машти, посматрајући атлас, путују целим светом. Игла, принуђена да се под дејством неке исконске, необјашњиве силе, држи севера као свог неумољивог божанства, просто их је фасцинирала: она им је отварала путеве у свет, дозвољавала да за столом понављају подвиге Колумба, Магелана, Кука, путују Сибиром, крстаре саванама Африке. Поред компаса и раширеног атласа, нико им тада није био потребан; те две ствари приближавале су их више од свег другог. А, за чудо, обојица су пред регрутном комисијом били проглашени за неспособне: он због астеније, Андреас због кратковидости.

Студирали су права. Андреас би можда изабрао философију, али се ње одрекао, само да би и на факултету били заједно. Његов најбољи друг био је прави Немац: философија га је привлачила зато што је чврсто веровао да само она може да открије последњу истину. Философија је и њега подједнако занимала, али само уколико треба да послужи као доказ да, упркос разуму, истина не може да се сазна, још мање да се докаже.

Њих, студенте, политика није мимоишла. Европа се већ увелико припремала за Први светски рат. Два фронта су се све јасније оцртавала и у то бурно време они су се мање-више определили: Андреас је стао на страну интереса монархије, иако у њој самој није могао да види идеал, он је, пак, имао веће разумевање према Србији, иако из обзира према баки цара и царевину није био спреман да отворено куди. Разилазили су се и у својим ставовима према Француској, али све ове разлике ниједног тренутка нису могле да угрозе њихово пријатељство, обојица несвесни тога да је историја као судбина, као захуктали воз, већ хитала Сарајеву.

Тог судбоносног, преломног дана за Европу, али и за њега, он и бака су се затекли у Венецији. Прележао је тежак назеб, па је бака одлучила да ради његовог опоравка бар две недеље проведу у Мерану. Супротставио се њеној одлуци, можда први пут до тада: инсистирао је да претходно сврате у Венецију, која га је још приликом првог сусрета одушевила.

И овом приликом одсели су у истом хотелу као и први пут. Налазио се на Каналу Гранде, близу Сан Марка, са погледом на Кијеза дела Салуте. Волео је златасту боју венецијанских здања, тајанственост пустих, уских уличица, које као да никуд не воде и у којима као да је време застало. Крепила га је свежина јутара и тишина ноћи, коју су звона цркава равномерно, не реметећи сан, нарушавала. Све га је у том граду привлачило и узбуђивало: док се бака после ручка одмарала, он би тумарао оближњим улицама, ослушкивао разговоре и довикивања, разгледао излоге, улазио у цркве, задржавао се на мостићима, посматрао чамце и гондоле, пратио њихове бразде по зеленкастој води, не слутећи да су то били последњи дани његове истинске слободе.

Тог раног поподнева, вративши се у хотел, шеф рецепције, плавокоси Венецијанац, саопштио је њему, Аустријанцу, готово са страхопоштовањем, ванредну вест: аустријски престолонаследник и његова супруга убијени у Сарајеву!

Сећа се тренутка када је ушао у њихову собу: бака је спавала. Завеса се лагано лелујала, а са трга

испред хотела нека невидљива птичица је успављу-
јуће цвркутала, док је из даљине допирало пригу-
шено, једва чујно бректање вапорета. Оклевао је
да својим гласом поремети ову венецијанску сије-
сту, руком продрма баку, поремети јој сан. Чинило
му се, опазивши опуштеност и неко блаженство на
њеном лицу, да нема права да прекида ово трајање
и стање изван времена, којег је он, међутим, за ра-
злику од баке, био свестан. Тих тренутака налазио
се у улози господара, готово Апсолута: ни од кога
другог, само од њега, зависило је да ли ће лепоту и
узвишеност ове неизвесности да продужи или пре-
кине, смени током свесног, болног, пролазног. Са-
мо једна његова реч је та два стања, два света, дели-
ла, а та реч је била – Бако!

Изговорио ју је шапатом, надносећи се над њу.
Њеним уснулим лицем прелетео је грч, попут једва
приметне сенке, усне су се развукле, очни капци за-
играли. Није се одмах пробудила, иако је чула ње-
гов глас, рекло би се из неке инерције, жеље да и
даље остане у блаженству своје ванвремености.

– Бако – поновио је нешто гласније, и даље на-
гнут над њом.

– Шта је, Берни? – промрмљала је, помало пре-
корно, не отворивши још очи, спремна да и даље
брани своје право на сан.

– Убили су кронпринца и Софију – рекао је сада
гласно. Тек те речи су је коначно раздрмале, осве-
стиле, вратиле у живот, у време.

– Убили – поновила је, не питајући где и како се
то збило, довољно свесна значења и последица овог
чина. Лице јој се није изменило, али су очи одавале
шта се у њеној души догађало: открио је у њима
страх који код ње никада раније није опазио, страх
од будућности, катастрофе, силе која попут судби-
не и људима и историјом невидљиво влада.

Истог дана, за вечером, на тераси хотела преко
пута Кијезе дела Салуте, за столом покривеним ру-
жичастим стољњаком, уз упаљене свеће и анимир-
-музику, која је допирала са терасе суседног хотела,

бака је кратко саопштила – Сутра путујемо за Мерано. Бићемо ближи Бечу.

Ваљда је премишљала цело поподне док није донела коначну одлуку. Искуснија од њега, слутила је још тог дана шта би све после Сарајева могло да се догоди, стрепела од непредвидљивих преокрета, плашила се непријатних изненађења. А те вечери такве слутње њега нису испуњавале: знао је само за Лехара, кога су невидљив клавир и невидљиве виолине изводиле, за љубичасти сумрак који се на Канал Гранде неосетно спустио, успављујући будност чула и мисли, и подстичући илузију да у истом часу правих катастрофа не може да буде, иако је негде далеко воз једне несреће као оне далеке зиме, већ кренуо.

Пуцњеви у Сарајеву нису били за њега искључиво пуцњеви који су претходили једној општој несрећи. Били су то пуцњеви који су, пре свега, најављивали драму његове баке. За њега, лично, Аустрија није представљала ништа више него Србија, земља у којој је његов отац и даље живео. Аустроугарска је значила за баку: била је не само ненадокнадив део њене јаве већ и ненадокнадив део њеног сна. Веровала је у Бога и Исуса, али ништа мање веровала је и у оно што је оличавало славу и моћ Хабсбурга. Беч је за њу био неприкосновени центар света и лепоте, али искључиво Беч са својим царем и својим дворцима, Рингом и велелепним палатама, својом ведрином и својим укусом, јединственим и непоновљивим у простору и времену, губећи из вида да сва ова моћ и сав овај сјај, као и све друго на овом свету, има свој ограничени век. У вечност, неуништивост своје Аустрије веровала је и када се заратило.

Из свог сна и својих заблуда почела је да се буди тек када је цар, усред рата, умро. Био је то почетак њеног отрежњења, суочавања са истином да је царевина дуги, исцрпљујући рат могла да изгуби, обистињење њене слутње коју је још у Венецији осетила. Како је само заплакала када је, ослоњена на њега, стојећи у густим редовима Бечлија, угледала царску погребну поворку: омиљени владар одлазио је по тужном новембарском дану, у муклој тишини, возећи се последњи пут улицама своје престонице, тамо где свака нада заувек престаје. Био је то, схватио је коначно тек тада, и почетак краја саме царевине, можда и почетак несреће какав је овај садашњи рат.

После царевог краја Аустрија је, у ратном метежу, све дубље тонула. Мада без правог животног искуства, знао је да у тим данима све што није победа представља прећутан пораз. Научио је да чита између редова вести и саопштења с ратишта, да открива истину тамо где се прећуткивала, све више свестан да ће пораз Аустрије бити и пораз његове баке. А у то време био је више везан за њу него за оца, са којим се после повлачења српске војске поново дописивао. Међутим, поново успостављена веза са оцем није га смирила: и рат и живот све више и све чешће почели су да га подсећају на несрећу која, једном зачета, не може да се избегне, ма колико појединци, чак и читаве државе, настојали да се од ње сачувају, а та несрећа у оно време није била ништа друго до неизбежан крај бакине монархије.

Рат који је Аустрија на крају изгубила био је за баку, како му се чинило, тежи ударац него смрт њене кћерке јединице, његове мајке. Видно се топила. Беч, седиште републике, није био њен Беч: импресивне палате и велелепна здања, са амблемима царевине, уместо поносом, сада су је испуњавале тугом и носталгијом. Дошло је време руље, непрестано је понављала, уверена да ће револуција из Мађарске запљуснути Аустрију и докрајчити и оно што је још остало из старих, срећних времена. Плашила се улице, гужве. Остајала је радије код куће, свирајући на старом Безендорферу увек исти валцер, или заваљена у бержери, окренутој тераси, са погледом на запуштену башту, читала Цвајга, подсећајући се далеких, срећних дана. И мало-помало, он је почео да преузима бригу о свему, мада га је невоља натерала да се са тешком муком запосли у Банкферајну.

Плата није била довољна. Гладовали би да није било њеног накита. Прво су га залагали, потом и продавали у бесцење. На крају остала им је још само вила у Хумелгасе, увелико руинирана и запуштена. Шпанска грозница је баку на време однела.

– Берни – рекла је пре него што је пала у агонију, предосећајући да јој се приближава крај – сахрани ме поред Ханса и Грете, али са крстом. Берни, била је и последња реч његове баке. Умрла је у хладној соби, у тренутку када се вратио са посла. Поред ње се налазио свештеник из оближње цркве, који је њу, сем лекара, њеног друга из детињства, још једини посећивао. Умрла је разочарана у све: у историју, у људе, можда и у њега.

Са њеном смрћу нестало је у њему жеље да остане у Бечу. Андреас му није био довољан: осетио се одједном усамљеним, отуђеним, у граду који је до тада сматрао за свој. Томе су, можда, допринеле и тешке прилике у престоници, које су баку доводиле до очајања, али и колеге на послу: док је бака, Аустријанка, унука санитетског генерала фон Милтбергера, била жива, сви су га сматрали за свога, а после њене смрти почели су у њему да гледају и Јеврејина. За Андреаса је остајао оно што је одувек био, али та непомућена верност није могла да га задржи у пустој кући и измењеном Бечу. Вратио се у Београд, оцу, кога рат није ни осиромашио ни обогатио.

Чекала га је његова соба, иста онаква какву је пре више од десет година оставио. На све и сваког је морао да се привикава, и на маћеху Леу, непуних десет година старију од њега, чак и на оца, прерано оронулог. Запослио се у очевој банци, наставио дружење са Виториом, који је остао у истом крају, жалећи, упркос свим непријатним успоменама, за Бечом.

И онда Ноеми! Попут земљотреса, уздрмала га је целог, и то у тренутку када се осећао усамљеним више него икад. Било је довољно да је само једном види и да одмах схвати колико ће то женско биће да овлада њиме: риђокоса, округластог, белог лица ишараног крупним пегама, ниског стаса, чак помало гојазна – сушта противност мајци. – Не знам шта си на њој нашао? – Виторио му је сутрадан после познанства са њом рекао. Било му је стало до Виториовог мишљења, мада је Ноеми, ништа мање енергична и својеглава од баке, већ увелико њиме овладала.

Године проведене са њом учиниле су га Јеврејином више него сва очева настојања, али нису га учиниле никада толико колико су њих двоје желели. Унука рабина из неког градића у Буковини, трудила се свим силама да у њему пробуди свест о његовом пореклу, коју је бака, хришћанка, како је она често тврдила, увелико успавала. Шта све није радила: набављала књиге о Јеврејима у дијаспори, куповала романе о животу Јевреја у Русији и Пољској, објашњавала празнике, инсистирала да бар пред њом не једе храну забрањену људима њихове вере, приморавала га да петком заједно одлазе у храм.

Маштала је о томе да се што пре настани у Палестини, држала Херцлову у фотографију у витрини, покушавајући да и у њему пробуди исту страст и чежњу. Но, узалудно: могао је донекле да је схвати, био је спреман да је у неким стварима и подржи, али не и да заувек прекине са оним што му је за срце толико прирасло. Најзад, у то време он се, упркос тешким данима после бакине смрти, надао да ће се једног дана вратити у Беч: вилу у Хумелгасе ни по коју цену није желео да прода.

Морали су да се растану, премда се ниједном нису сукобили. Отпутовала је у Ливорно, одакле је са групом чешких Јевреја требало бродом да отпутује за Хаифу, у време када је Хитлер тек дошао на власт. Растали су се на београдској железничкој станици. Само су се загрлили: на њеном округластом лицу није било ни трага туге. Њен сан је почео да се испуњава, његово давно предосећање да се обистињује: као да је још тада несвесно бежала од исте оне несреће која данас њему свом силином прети.

Убрзо после Ноеминог одласка умро је отац. Светска криза га је дотукла: банка запала у тешкоће, а кредити изостали. Борио се лавовски, упркос увелико нарушеном здрављу. Умро је, попут баке, од запаљења плућа. – Да сам млађи, не бих остао у Европи – рекао је њему и Леи још док га болест није оборила. Леа га је послушала: годину дана после очеве смрти отпутовала је за Тангер, својој сестри. Откуд толики страх, због чега толики Јевреји готово панично беже? – питао се у оно доба у чуду, још не схватајући колико су осећање несигурности и спремност на бекство већ стотинама година одређивали и живот и судбину Јевреја.

Остао је још само Андреас. Компас, који је сачувао и држао као драгу реликвију поред мастионице на писаћем столу, највише га је подсећао на њега, на безбрижне дане њиховог дечаштва. Дописивали су се. Ништа није могло да их раздвоји: ни Хитлер, ни Андреасова женидба. Одлазио је бар једном годишње у Беч, али не само због виле у Хумелгасе, коју је издао богатим руским емигрантима. Понављали су исте излете, настављали старе дискусије, покретали нове теме, али о угрожености Јевреја ниједном нису расправљали. За Андреаса је остајао Аустријанац, праунук фон Милтбергера, упркос томе што је живео у Београду и што му је отац био Јеврејин. Андреас, асистент на Правном факултету, никако није могао, чак ни делимично, да прихвати његово уверење, које се све више у њему формирало и учвршћивало, да је свест о времену проклетство, казна због претеране вере у разум, и да ће се људи спасити тек када сви до последњег то најзад схвате. – Можда време избављења неће бити ништа друго до време када ће сви престати да верују у разум – уверавао је у једном писму Андреаса, убрзо по аншлусу. Уследио је одговор: – Берни – писао му је

Адреас између осталог – у теби је остало тако мало немачког... Готово смешно: чак и тада Андреас је био спреман да у њему не види Јеврејина!

Прошле године видели су се последњи пут. Допутовао је у намери да прода вилу, уколико је то још могло да се изведе. Није се плашио пошто је долазио као странац, Југословен. Више то није био некадашњи Беч, онај из његовог детињства и његове младости, иако се на први поглед у њему ништа битно није изменило. Био је Андреасов гост. Дочекао га је на Јужној станици. Отежао и доста оћелавио, отац двоје деце, рекао је још у таксију, тихо, поверљиво, да се и даље опире да свој предмет, политичке доктрине, прилагоди у целости захтевима данашње идеологије. Али, касније, после вечере, када су се повукли у угао, схватио је да је Андреас ипак био спреман на уступке како не би угрозио свој доцентски положај на факултету. – Тешко је у ово време да сачуваш своју потпуну независност – признао је. – Компромиси су неизбежни. После овог разговора било му је јасно да га је Андреас позвао као свог госта само зато да би се пред њим, својом савешћу, оправдао. Био је то знак да му и даље значи њихово пријатељство, можда је то била и несвесна жеља да остане чист за све што је тек требало да се догоди.

Немачка је све више јачала, све отвореније претила. Можда је био лакомислен. Леа му је више пута писала, саветовала да без оклевања напусти Београд и пређе код ње, у Тангер. Није му се ишло, из истог разлога због којег ни са Ноеми није кренуо за Палестину. Опасност од Немаца, чак и после аншлуса, чинила му се преувеличаном. Ни тада се њих није плашио. Најзад, био је унук пунокрвне Аустријанке, аријевке, чије је распеће од слонове кости само из обзира и љубави према њој држао на видном месту у библиотеци: немачким је владао боље него српским, а некада се Зигфридом више одушевљавао него Давидом. Па ипак, Немци га сада сматрају за Јеврејина.

Да бежи? Ако се не предомисли, сутра би требало да крене за Сплит, град у коме још ниједном није био, мада га је Ноеми изузетно волела. Причала му је о њему, описивала га, одушевљавајући се можда и неосновано. Увек је налазио разлог да не путује у Сплит, највише зато што му се чинило да би тиме изневерио Дубровник, град који је заволео безмало исто колико и Венецију: и у њему је, још у време царевине, откривао ону златасту боју, која се одмах не запажа али на коју се све остале боје кућа, зидина, палата и цркава своде, боју која није ништа друго до боја самог времена; и над њим се надносилио слично небо, и у њему су се рађала слична јутра. Све га је у Дубровнику опијало: и леандери, и еукалиптуси, и ваздух, и галебови, у чијим је крицима, како му се чинилио, препознавао неку далеку, праисконску тугу, неку чежњу за повратком давно изгубљеној срећи, можда још израженијој него у самој Венецији. Али, Ноеми је за све то била слепа.

Многи су већ бежали. Јаков Бенвенисти, његов колега из банке, склонио се негде у унутрашњости. Исак Ескафа одлучио је да напусти стан и да се скрива код женине родбине на селу. И Виторио би тако поступио да је на њиховом месту. Али, њему се не бежи, путовање у Сплит све више му се чини авантуристичким, попут путовања једрилицом преко океана. Свако бекство, све је уверенији, па и ово његово, не само што је у основи узалудно већ и недостојно човека какав је он: као да би тиме издао ону своју чежњу за повратком далеком почетку у коме је једина истина, једина срећа; оскрнавио носталгију за једним мировањем, која га је можда, како је Ноеми тврдила, највише удаљавала од историје и судбине Јевреја, али која њега лично испуњава истинским спокојством, чини спремним да без панике поднесе сва искушења и све невоље. Бекством можда може да се побегне од једне несреће, али не може да се побегне од судбине.

Шта да ради? Можда је најбоље да чека, без обзира што би такво чекање могло да га стаје главе. – Са Гестапоом се не шали. Зар верујеш да ће вас, Јевреје, мазити? – рекао му је са подсмехом Виторио пре два дана, видећи га како се колеба. Ипак, када добро размисли, останак му се чини, на крају крајева, прихватљивијим него да сутра крене возом.

Смрт му не изгледа застрашујућа док са прозора посматра равницу како са леве обале Дунава нестаје негде иза неба, тамо где игла компаса на његовом писаћем столу, сва напета, трептава, вечито стреми. Напротив, спреман је да у свом физичком нестанку види само степеницу која води миру, спокојству драгоценијем од свега што постоји. Тек сада, уверенији него икада досад колико је узалудна брига о својој будућности, радо би Бенвенистију и Ескафи довикнуо: „Куда тако хрлите? Права срећа може да буде само иза вас!"

Као да је оне последње вечери у Венецији, слушајући Лехара и посматрајући бакино забринуто лице, схватио да будућност не може да буде никада тако лепа као прошлост без обзира колико она сама била сурова. Докле год возови јуре кроз ноћ, у сусрет нечему, блиском или далеком, несреће и изненађења су неминовни, а у једном возу требало би да се он, бегунац, сутра нађе. У овом часу чак ни мајчина смрт не чини му се тако болном. Никада неће моћи да је заборави, онако бледу, сјајних очију, осуђену на нестанак. – Отишла је мама – рекла је бака оног дана када је мајка умрла. – Не плачи, Берни, још једном ћеш је видети! Но тај поновни сусрет не може да буде сутра. Прошлост није прошлост, све више је уверен; невидљива, она га негде чека, спремна да се још једном пред њим и за њега понови. У ствари, не треба ничему да се нада, да чезне за непознатим, јер је за срећу довољно оно што је за човеком остало, макар то била и сама патња. Смрт није трајни губитак, уверавала га је ова равница и ова река, уверавали ови облаци, који као да, за разлику од људи, временом и простором само привидно плове.

Зазвонило је. Свакако – Виторио! Само он тако звони. Нешто је поранио, долази можда да га још једном охрабри, оживи у њему, сад већ сасвим посустану жељу за бекством.

Сплит! Како је то ужасно далеко! – помислио је хитајући вратима.

ПЉУСАК

Били смо другови из детињства, Лазар и ја. Становали смо у истој улици: ја у скромној двоспратници, он у пространој вили. Његов отац, дрогериста на велико стекао је богатство за релативно кратко време, производећи у једноспратној кући, поред виле, козметичке артикле, које су Београђани све више прихватали. Не сећам се када и како смо се зближили. Сећам се само да смо се још као ђаци основне школе у нашем крају играли на оближњем пољанчету и да се једног дана игра пренела на бетонску стазу у дворишту његове виле, где смо укрштали мачеве са гуменим шиљком, а касније рекетима за пинг-понг ударали праву тениску лопту. Не верујем да смо постали другови због наших немачких презимена која су звучала јеврејски: у оно време нас, дечаке, све друго је могло да везује осим свести о заједничкој припадности истој нацији или истој вери.

Све до почетка Другог светског рата нисмо ниједном повели разговор о свом пореклу: расизам је био зло које је пустило корене далеко од нас, у Немачкој, и које је угрожавало животе искључиво Јевреја који су у њој живели. Само једном је Лазарев отац, Оскар Левензон, испољио радозналост о мом пореклу. Али, тада сам га ненамерно обмануо: оставио сам га у убеђењу да је мој отац Немац, јер сам тада још живео у заблуди о вери и националности очевих родитеља. Иначе, за наше другове из улице и школе ја и Лазар били смо још задуго Београђани, чија презимена, истина, нису звучала српски, али који се у свему осталом од других нису разликовали.

Није био мој једини друг. Имао сам још неколико, можда приснијих од њега, децу родитеља имовног и социјалног ранга сличног мом. Можда је разлика у имовини и угледу у друштву била онај невидљиви зид који је одувек стајао између мене и Лазара, разлог што сам у њему гледао друга срећнијег и успешнијег од мене и нас осталих, а свест о овом зиду као да је доприносила томе, како сам понекад имао утисак, да се и сам Лазар са извесном надмоћношћу односио према другима, чак и према мени. Није ме то болело, али свест о тој неједнакости није дозвољавала да се према Лазару понашам крајње отворено, а у тој отворености понекад и грубо, што је за дечаке нашег узраста био поуздан знак да себе нисмо само сматрали равнима у свему већ и да смо постигли највећи степен поверења и присности.

Било је неминовно да једног дана крочим у Лазареву вилу: изненадна провала облака натерала нас је да из дворишта пређемо у његову собу на првом спрату. Јасно се сећам тих тренутака када сам први пут прешао преко прага његове куће, која ми се пре тога увек чинила помало тајанственом, неприступачном попут неке тврђаве: готово са страхом сам прошао кроз стаклену башту препуну непознатог цвећа и биљака; на прстима сам газио преко тепиха у пространом салону, на чијим су зидовима висили уљани портрети Лазаревих родитеља и његове сестре, знатно старије од њега; са дивљењем гледао фотеље пресвучене ружичастим плишем и са чуђењем посматрао ствари које пре тога нисам ни код кога видео. Тек тог дана сам, са тугом али и уз мало зависти, схватио колики ме је јаз делио од Лазара.

Много шта нас је раздвајало и у много чему смо се разликовали. Али, било је и нешто што је осим судбине нашег имена и наивности нашег дечаштва могло и да нас зближава: заједничка љубав према Француској. Не могу да објасним зашто је Лазар тако рано заволео ову земљу, али знам због чега ме је она још од првог разреда гимназије одушевљавала. Бесумње, била је то заслуга мог ујака, солунског борца, ратника који је једно време, после повлачења кроз Албанију, провео у Француској и одатле се вратио очаран њоме.

У оно време, у годинама када, прелазећи неосетно из детињства у дечаштво, у себи још нисмо сасвим раскрстили са светом бајки, склони смо били да поверујемо у стварност земље лепше и моћније од сваке друге, макар се то и не слагало са стварним чињеницама. Све је у таквој, истодобно и имагинарној и реалној земљи, морало да буде лепше и успешније него у било којој другој, а та јединствена, ненадмашна и непобедива, митска земља била је за мене и Лазара Француска, као што су за неке наше другове из исте улице то можда биле Енглеска, Немачка, Америка или Русија.

Моје знање француског није могло да се мери са Лазаревим. Још од малих ногу имао је гувернанту, Францускињу, која је после смрти његове мајке преузела уједно и бригу о кући. Куповала је Лазару књиге, надзирала га у учењу, старала се о његовом васпитању, бирала му чак и другове. Мене је одмах прихватила и захваљујући тој околности увелико сам обогатио своје школско знање француског.

Мадам, тако смо је звали, жена ситног, спарушеног лица, снабдевала нас је редовно француским илустрованим ревијама, на које се била претплатила. Волео сам посебно те тренутке када смо Лазар и ја, седећи један поред другог на удобној софи у салону, разгледали ревије чије су нам фотографије откривале све лепоте француске метрополе али и свих оних земаља којима је она владала. Преко фотографија сазнавали смо постепено и за драму која се одвијала у Европи: успон Хитлера, изградњу комунистичке Русије, сукобе у Шпанији, инвазију Абисиније, не слутећи да смо још тада били сведоци догађаја који су неизбежно водили једном великом рату. Брзо смо се сродили са физиономијама водећих француских, енглеских, немачких, руских државника и политичара, мада смо недовољно разабирали какве су погледе и ставове заступали. А у оно време то за нас и није било од толиког значаја пошто ништа није могло да нас поколеба у уверењу да су француски државници и политичари у свим случајевима били у праву. Знали смо и за Блума, Ериоа, Даладјеа, Лавала, али на њих смо гледали само као на Французе који су се можда разилазили у својим мишљењима о неким битним стварима али који су Француску волели бар исто толико колико ја и Лазар.

Током времена схватили смо, прелиставајући ревије, шта се све збива у Европи. Демократија, социјализам, комунизам, фашизам, постепено су престајали да за нас буду само речи чији прави смисао нисмо разумевали: почели смо да расуђујемо политички, да схватамо циљеве политике, њене домете и њену игру. Фоторепортаже су нас водиле кроз бојишта Шпаније, Африке, градове Немачке, откривале занос Немаца својим фирером, страх Француза од својих штрајкача и немире због својих источних суседа. Са помном пажњом почели смо да пратимо потезе Ке Д'Орсеја, свесни да од тога не зависи само судбина Француске већ и Европе, а у крајњој анализи и нас самих. Понекад се са њим нисмо слагали: сматрали смо да су Французи требало безусловно да стану на страну шпанских републиканаца или да се енергичније односе према Немачкој, која се све више ослобађала версајских стега. Ипак, све је то било далеко од тога да Француској озбиљно пребацујемо, јер смо увек полазили од чврстог уверења да француски политичари и државници виде даље од свих других, поготово од нас двојице.

Рат се приближавао. Аншлус, Минхен, Данциг. Слутили смо да је неизбежан, па смо зато Француску још више заволели. Судбина Пољске нас је ожалостила, али тешили смо се околношћу што је, након њене пропасти остала Француска са својим армијама, тенковима, авионима, колонијама, стратезима. Нисмо губили поверење у њу ни када су Немци прегазили Холандију и Белгију, а у Француску нисмо престајали да верујемо ни када су немачки тенкови, заобишавши линију Мажино, кренули свом силином на Париз: сви ови порази нису могли ни у мени ни у Лазару да пољуљају веру у Французе и Француску.

Ватерло, то је незацељива рана моје младости, али, како ми се чини, и Лазареве. Са овим, и именом и местом, окончала се једна епопеја која је од њеног самог почетка заокупила моју пажњу и са чијим сам се главним херојем, заправо са његовом судбином, одмах сродио. Нисам кадар да објасним због чега сам Наполеона, чим сам се са његовом историјом и судбином упознао, заволео више од свих великих војсковођа. Можда је за то најзаслужнији професор историје, који се Наполеону вероватно и сам подједнако дивио. Увек озбиљан и одмерен, он је једино о њему говорио са извесним жаром и знатно опширније него што је писало у уџбенику, трудећи се да нама, ученицима, изнесе низ података који су овог великог Француза у нашим очима чинили још већим. Са каквим смо само интересовањем пратили његов поход на Европу, слушали о његовим победама, дивили се његовим дипломатским потезима: Наполеон је, мало-помало, растао у небо, добијао готово натприродна својства.

Ја, лично, дивио сам му се и после заузимања Москве, мада је руска зима десетковала његову дотад непобедиву армију, а његов сјај почео да тамни. Нисам га у својим мислима и осећањима напуштао ни када је кренуо из пораза у пораз, а после Ватерлоа можда сам га још више заволео. Нисам га окривљивао што је ту пресудну, последњу битку изгубио. Окривљивао сам његову судбину: само да Груши, његов одани маршал није закаснио, Наполеон би уместо на Светој Јелени, веровао сам, свој живот као победник завршио у својој престоници.

Историја Наполеона није ни мене ни Лазара обесхрабрила. Ватерло је био пораз, тако смо обојица сматрали, али пораз који ће кад-тад Француска на једном новом Ватерлоу и са једним срећнијим Наполеоном, Нејом и Грушијем морати по сваку цену да искупи сјајном победом. Била је то наша нада и без ње и моја и Лазарева младост била би, свакако, осетно другачија.

То је, бесумње, био и основни разлог што, и у данима када су моторизоване дивизије Немаца ломиле последње препреке пред Паризом, нисам очајавао: веровао сам, упркос свим поразним чињеницама и вестима, да Француска и у тим тешким тренуцима има негде свог новог Неја, војсковођу који однекуд, преко мора или неке колоније, као последњи адут и последња нада хита да својом армијом Немце бар заустави ако већ не може да их одбаци. Но, ни овог пута ни Груши ни Неј нису стигли: Француска је била осуђена да још једном доживи и 1813. и 1871.

Затекао сам се код Лазара када је радио известио о капитулацији Француске. Већ смо били припремљени за тај догађај: Немци су последњих дана сувише брзо напредовали да би оно што је још преостало од француске војске могло да им се супротстави, а нико други до председник владе јавно је признао да још само чудо може да спасе његову земљу. Али, и тада у нама свака нада још није сасвим замрла: и даље смо потајно веровали у чудо иако у њега Пол Рено, човек који је оличавао Француску више није веровао.

Знали смо шта се догодило када је музика са радија изненада престала, а дубок мушки глас најавио ванредно саопштење. Устали смо као по команди, свесни да ће преко тог помало узбуђеног гласа историја изрећи своју пресуду: и, заиста, Француска, земља коју смо толико волели у коју, и у њеном најтежем часу нисмо хтели да престанемо да верујемо, признала је и пред Немцима, и пред светом, и преда мном и пред Лазарем свој пораз, свој други Ватерло и свој други Седан. Више није преостало чак ни вере у чудо: Лазару је клонула глава, као да је тог тренутка он сам био Француска.

Пораз Француске био је за мене разлог да се дуго осећам несрећним, скоро изиграним: нисам кривио Француску што је изгубила рат већ историју што је то дозволила, а кривио сам и самог себе што сам је толико заволео. За Лазара и његовог оца пропаст Француске је већ било нешто више од саме драме осећања: у Европи је настала празнина и у њој више није било никог способног да се Хитлеру супротстави, Јевреји понајмање.

После капитулације Француске неки имућни београдски Јевреји већ су почели да напуштају земљу. Једног дана запитао сам Лазара да ли он и отац намеравају да некуд отпутују. – Још се нисмо одлучили – одговорио је. Оклевали су, двоумили се, што је донекле било и разумљиво: послови се нису никада повољније одвијали а одлазак у иностранство био је, без обзира на њихово богатство, одлазак у несигурност, неизвесност. Слом Југославије дочекали су у Београду.

Већ четвртог дана по уласку у Београд, Немци су истакли објаве. Односиле су се на Јевреје, а једна од њих била је залепљена на дрвену бандеру у непосредној близини Лазареве виле. Све док садржину ове објаве нисам прочитао, прогони Јевреја у Немачкој и мржња према њима, па и све оно што се са њима збивало после Кристалне ноћи, били су за мене прича без правог покрића. Можда је све то било само преувеличавање, придавање појединим случајевима превише значаја, падао сам у искушење да тако расуђујем, неприпремљен за то да у Немцима видим крајње сурове прогонитеље. Тек објава на бандери, прва наредба окупационих власти, продрмала ме је, освестила. Из хладно, концизно срочених реченица није провејавала ни отворена мржња ни директна претња, али за Јевреје није то могла да буде никаква утеха: Немци се нису ником другом обраћали осим њима и Циганима, никог другог до њих позивали су да се, под претњом смртне казне, пријаве на одређено место, објашњавајући укратко кога они сматрају Јеврејима. Али ни тада, стојећи пред тим саопштењем, нисам био свестан да стојим пред једном колективном смртном пресудом.

Лазар и његов отац поступили су у складу са наређењем: пријавили су се на Ташмајдану, а вратили се одатле са жутим тракама. За Немце нису били ништа друго до Јевреји, без обзира што су неколико година пре рата променили веру: њихова четири претка, Јевреји, били су њихова коб, несрећа, разлог да буду и понижени и угрожени. Сестра и ја нисмо морали да се пријављујемо нити одлазимо на Ташмајдан: преци по мајчиној страни, Срби, спасавали су нас те обавезе и наредбе да обележавамо себе бојом одређеном само за Јевреје.

И после одласка на Ташмајдан Левензонови су и даље становали у својој вилу, иако је неки овдашњи Немац преузео њихову дрогерију. На први поглед, могло се поверовати да постављање комесара није морало да буде катастрофа већ сама по себи: Немац, који је пре рата одржавао пословне везе са старим Левензоном и важио за његовог пријатеља, појављивао се само с времена на време, а верујем, да је он и учинио све да Лазар, за разлику од осталих Јевреја, није морао свакодневно да одлази на принудни рад. Са правног становишта, дрогерија је и даље остајала у својини Левензонових, а у вили нико није покушавао да се силом или уз сагласност власти усели. Бар Лазар и његов отац могли су тих дана још и да поверују да су најкритичнији дани можда већ прошли.

И даље сам га посећивао, иако сам се месец дана по уласку Немаца запослио као помоћник магационера у оближњој пивари, и даље са извесним страхом пролазио кроз стаклену башту и салон. Све ствари су се налазиле на истом месту, ништа, бар на први поглед, није недостајало. Једино више нисам виђао Мадам. Да ли је, предосећајући опасност, отпутовала још пре избијања рата, или, непосредно после уласка Немаца? У сваком случају, њено одсуство се приметно осећало: прашина се нахватала на намештају, прозорска окна неопрана, егзотичне биљке у ходнику избледеле и спарушене. Немица, која је још пре рата под надзором Мадам водила бригу о кући, престала је да долази, а Лазарев отац се устручавао да се обрати женама, аријевкама. У нормалним приликама, можда би се сами Левензонови бринули више о свом дому, али неизвесност о томе шта ће се њима догодити као да их је сасвим паралисала. Ништа се није променило ни када је једна сиромашна Јеврејка са Дорћола почела да сређује кућу и да им пере веш. Ни у тим данима новац није био њихов проблем.

Напад на Русију подигао је Лазарев дух: понадао се брзом слому Немаца. Али, нада је кратко трајала, све док на своје жаљење није схватио да Немци сувише брзо напредују пространствима Русије. Једног дана уследила су неочекивано нова немачка наређења Јеврејима, мушкарцима: одлазак у Топовске шупе.

До одласка на ово сабирно место код Аутокоманде преостало је Лазару неколико дана. Ти дани кратке, привидне слободе брзо су протицали, иако их је проводио углавном у самоћи. Другови из улице нису га избегавали, али нису ништа ни чинили да у то време буду чешће са њим. Његово богатство и његово место у друштву овог пута окренули су се против њега: за неке другове остајао је, упркос жутој траци око руке, и даље власник виле и дрогерије кога су Немци, можда чак и са разлогом почели да злостављају. Нисам га избегавао, али пивара ме је спречавала да у његовим најтежим тренуцима у животу будем више уз њега.

Једне суботе, последње у данима његове слободе, појавио се у пивари. Није ме изненадио, јер смо се дан пре тога на његово инсистирање договорили да ме посети у магацину. Није носио жуту траку. Поуздао се у свој изглед: био је црномањаст али сувише висок за Јеврејина, а осим благо повијеног носа ништа на њему није могло да га ода као припадника прогоњене расе. Ипак, био је то ризик, јер се пивара налазила под надзором Немаца, а на капији војник је контролисао изношење пива.

Магацин, полутамна просторија, дужа него шира, са малим квадратним прозорима, далеко га је више интересовао него мене. Разгледао је резервне делове разних машина чије сам називе тек почео да учим али чија ми је права сврха тих дана остајала непозната, котурове жице, челичне цеви и шипке, бурад са смолом, електричне каблове, канте уља за подмазивање и сијасет других типично магацинских ствари. Разгледао их је знатижељно, као да, уместо простором прашњавог магацина, корача одајама музеја у који је тек први пут крочио. Зашто ме је потражио, зашто толико инсистирао да дође? Шта га је тих тренутака у магацину могло толико да занима, питао сам се, проводећи га кроз простор препуштен мојој бризи? Тог дана прави одговор нисам нашао. Можда тек много година касније.

Пред њим су се налазила још свега два дана слободе, која је, ма колико ограничавана, била ипак слобода: већ у понедељак ишчекивао га је одлазак Топовским шупама, са најнужнијим личним стварима. Шта се то смера са Јеврејима? Куда ће их одвести и како ће са њима поступати? Немир и црне слутње морали су да колају у њему, и у таквом стању се ваљда сетио мене, свог присног друга, полу-Јеврејина, који је свега тога био поштеђен. Могуће је да ми је тада позавидео, први пут у животу, и то управо на оном о чему пре рата никад није морао да размишља ни да води рачуна: људској сигурности, макар то била и суморна сигурност у једном тамном, прашном пиварском простору. Као да је овим доласком желео своју несрећу да измери оним што је он сматрао мојом срећом.

Морам да признам, да се тада нисам осећао срећним. Штавише, осећао сам потребу да се пред Лазаром правдам што сам доспео у овај загушљиви простор, који је мирисао на петролеј. Слушао ме је без речи, са помало болећивим осмејком, који као да је казивао: – Шта бих све дао да сам на твом месту! Како би се ти осећао да прекосутра са торбом у руци треба да напустиш кућу?

Пошто је прошетао магацином и испрљао ногавицу панталона о један велики подмазани зупчаник, предложио сам да обиђемо остали део пиваре. Пристао је, али више из обзира према мени: упознавши се са магацином, мојим животним простором, његова радозналост је одједном спласнула: магацин, то сам био ја, мој амбијент и моја сигурност; пивара, то је било већ нешто друго.

Водио сам га кроз разне погоне, објашњавао како се добија лед, показивао мајсторе од чије је умешности зависио квалитет пива. Али, све се то није дотицало њега, остајало је без правог одјека и без праве снаге да га бар за тренутак одвоји од црних мисли. У *флашенкелеру* приморао сам га да натегне боцу пива, коју му је као мом госту понудио мајстор Черни. Пиво, које је иначе волео, није му пријало, па сам остатак ја попио. На капији, на растанку, рекао сам: – Онда *сутра!*

Сутра је била недеља, наш дан, када смо још од своје петнаесте године одлазили у преподневну шетњу Калемегданом. Временом, недељни одлазак на Калемегдан постао је прави ритуал, наша обавеза и наше задовољство, и једино велико невреме могло је да нас задржи код куће. Рекао сам *Сутра* из чисте навике, сметнувши потпуно с ума да за Лазара сутрашња недеља није могла да буде као све оне претходне: док је за мене требало да буде само једна од низа шетњи, једна од оних што су се небројено пута могле поновити, за њега је могла да буде, имао је довољно разлога да поверује, последња. Боже, како смо се тог дана разликовали!

Сутрадан, у недељу, зазвонио је око једанаест часова. Овог пута огласио се кратко, некако бојажљиво. Већ и само то звоњење као да је говорило о стању његовог расположења. Раније је звонио далеко енергичније, сада, рекло би се, некако обазриво, као што сам ја некада, у за њега другачија времена, притискао дугме на његовим вратима.

Дошао је са жутом траком око руке и великом ружичастом ковертом. Био је кратак: – Нека индекс и матурско сведочанство буду код тебе.

Дан је још од јутра био леп мада нешто спаран. Лето је већ увелико почело, али у ваздуху као да се задржало нешто од пролећа. У Милошевој улици, с друге стране, угледали смо Јелену у светлој хаљини, нашу сусетку и вршњакињу, која се удала уочи самог рата. Одавно сам запазио да му се онако висока, стасита, плавокоса, свиђала. Био сам сигуран да се и он некада свиђао Јелени: њене крупне сивоплаве очи редовно су се задржавале на њему. Но, њему, бар у односу на њу, недостајала је младићска одважност.

Ипак, окренуо се за њом.

Проговорио је тек код Војне академије, гомиле још нерашчишћених рушевина, свеже успомене на немачке авионе и пораз наше војске.

– Није лоше што си се запослио. Немци те неће дирати, а за студије имаћеш увек времена – рекао је некако више за себе него што се мени директно обраћао. Чудно, пивара му никако није излазила из главе! Као да је у његовој свести мој магацин постао безмало симбол идеалног прибежишта, а моје занимање нешто најбоље што човек у време немачке окупације може да пожели!

Ћутали смо пењући се ка *Лондону*. Није био расположен за разговор: његова судбина, неизвесност која започиње сутрашњим даном, морала је да буде у његовим црним мислима. Да ли је то доба рата, морао сам да се запитам када смо зашли у улицу Краља Милана: трамваји су тутњали, излози већ били увелико обновљени, а једино су ретка немачка и италијанска војна возила подсећала да је Београд под влашћу туђина.

Ни на Теразијама слика се није мењала: у кафанама се точило пиво, у посластичарницама се расхлађивало бозом и сладоледом. Београђани су се већ били опустили. Истина, понеки Немац у униформи се виђао, али тог лепог дана мени се чинило, можда једини пут целог лета, да су се војници у зеленој униформи само пуком случајношћу обрели међу нама и да ће се све, чим оду, вратити на старо.

– Ајдемо на касато – позва ме Лазар. Италијанска посластичарница, код хотела *Балкан,* отворена пред рат, радила је; упркос првим ратним несташицама, њени специјалитети нису недостајали. Наравно, Лазар је платио касато, као и увек раније, у време мира; иако сам био запослен, новац ми је и даље веома недостајао.

Бомбе нису оштетиле Кнез-Михаилову. Ипак, по нечему није била иста као раније: остала је без свог Габаја, Геце Кона, Папове антикварнице. Излози угледних трговаца, Јевреја, нису ишчезли, али су сада, аветињски празни, подсећали више од свега да за Немце нису сви Београђани били исти. С обе стране улице виђали смо своје другове. Неки су нам и махали, али Лазар није показивао жељу да се заустави и са њима измени по коју реч: жута трака му је убрзавала корак, главу повијала, очи сенчила тугом – сутрашњи дан је већ био у њему.

И на Калемегдану варљив утисак да рат, бар споља, ништа суштински није изменио. Све је остало нетакнуто: и човек и змија у водоскоку, и клупе, и стазе, и велике липе... Нигде Немаца. Нетакнут се уздизао и споменик захвалности Француској, огромно тело овековечено силним покретом и грчом, иако ни Француске ни Југославије више није било. И наша туга због пораза Француске припадала је прошлости. Сменило ју је нешто друго: страх од помисли да би овај рат Немачка могла да добије.

Зауставили смо се крај ограде са погледом на Саву, Дунав, Земун, аеродром... Ништа се ни на овом отвореном простору, који је одувек узбуђивао и помало опијао, суштински није изменило: само се порушени мост преко Саве, попут фрагмента ружног сна, на овој скоро идиличној слици издвајао.

Наслоњени на ограду, нисмо дуго стајали.

– Да се вратимо, киша ће – рекох. Са Бежаније пловили су према нама сиви, ниски облаци. Било је спарно.

– Не жури се, још неће – Лазар ме је задржавао.

И даље нагнут над оградом, упорно је посматрао реке и равницу, широки простор који га је при таквом дану можда више од свега на његову несрећу подсећао или је у њему, ко зна, и понеку наду будио.

– Бежимо – опоменух га. – У Земуну је већ киша!

Истог тренутка је дунуо снажан ветар. Дрвеће је зашумело, небо загрмело, шетачи се разбежали. Била је то олуја која доноси пљусак.

Јурнули смо, у нади да се пре провале облака домогнемо кућа испред Калемегдана. Имали смо срећу: код самог излаза из парка, на станици, зауставио се трамвај. Двојка.

Без оклевања сам ускочио у њега, али Лазар се пред отвореним вратима возила изненада зауставио.

– Шта чекаш! – довикнуо сам му, а већ је из облака лило као из кабла. Свако би поступио као ја, а Лазар, већ окупан кишом, одбио је заклон који му је трамвај великодушно нудио!

Чудно! Као да то више није био Лазар, одједном ми се учини, мој друг из детињства, малодушно створење, који је још малопре заједно са мном, гоњен олујом и кишом, панично бежао; иако задихан, ударан ветром и таласима кише, деловао је смирено, опуштено, некако свечано озбиљно, крајње неприкладно за услове у којима се тренутно налазио.

– Упадај! – викнуо сам помало љутито, немајући времена да трагам за разлозима његовог оклевања и тражим објашњење за његов неочекивани преображај. Трамвај је сваког трена могао да крене, а Лазар је и даље стајао и ћутао, права жива статуа: његова натопљена кошуља већ се била прилепила уз тело, а низ лице су му се сливали млазеви кише. Стајао је и ћутке ме гледао очима из којих је сада, уместо малопређашње забринутости, готово очајања, зрачила нека чврста, непоколебљива одлучност: као да је тек на овом летњем пљуску, после толиких оклевања и стрепњи, најзад прогледао, као да се нешто у њему коначно преломило, упозорен неким унутарњим гласом, који ваљда само Јевреји у таквим приликама могу да чују: – Лазаре, не очајавај! Догодиће се оно што се не може избећи, а теби не преостаје ништа друго до да се као толики други пре тебе са својом судбином помириш!

Желео сам још једном да га опоменем. Али, ућутах. И у тој паничној ситуацији схватио сам да моје речи на њега више нису могле да утичу, његова одлука била је неопозива. Схватио је и он мене, и да би прекратио даљи неспоразум, показа без речи и било каквог прекора, као у некој крајње једноставној али и крајње речитој пантомими, једном руком на другу, ону са жутом траком, а та рука, обележена вољом окупатора, одједном ме је, готово у истом трену када је гром ударио негде у близини, сасвим освестила, једну истину открила: Лазару, Јеврејину, било је забрањено да улази у трамвај, без обзира на време и околности. Тог дана, заправо тог часа, историја се преда мном, као сведоком, пред трамвајем, по пљуску и грмљавини што је простор разносила, по ко зна већ који пут потврђивала и понављала: једно људско биће, још од Аврама, његовог праоца, сажимало је у себи судбину свог племена, мирило се са њом, имајући зачудо још снаге да све своје безнађе и све своје очајање бар у голи понос и голо достојанство преобрати, једино што му је у животу још преостало.

Било је касно да ишта учиним, да искочим из трамваја и из солидарности му се по том невремену придружим: да нисам оклевао, постојала је могућ-

119

ност да то у последњем тренутку учиним. Али, трамвај ме је предухитрио, и мени ништа није преостало него да сам себи због своје неодлучности пребацујем.

Трамвај се брзо спуштао низ стрмину, према Сави. Могао сам још само да појурим ка прозору на задњој платформи. Киша се и даље у снажним млазевима сливала низ стакло. Ипак, успео сам да разазнам Лазареву силуету, његову белу кошуљу. Није се померио: гледао је за трамвајем и једном руком, заливан кишом, непрестано махао.

Данас знам да та рука од мене ништа није тражила, ништа очекивала. Само ме је поздрављала, и, можда, мени и другима све праштала.

СРЕБРНИ КОВЧЕЖИЋ

Све исто, али и све некако другачије, помислио је, нашавши се после толико времена поново на тргу испред железничке станице. Рат је на овом простору Београда оставио своје још свеже трагове, али упркос томе све га је подсећало на дане када је у јеку мобилизације као резервни потпоручник журио истим овим тргом, само у супротном смеру. Од тог доба прошло је четири године, и он се сада враћао из заробљеништва, а до поновног виђења са мајком и сестром преостајало му је још свега неколико стотина метара.

Преживео је рат, дане оскудице, досаде, брига. Немци га нису дирали и понижавали више него остале официре са којима је делио исту бараку и исту судбину. Био је, срећом, за њих ратни заробљеник, и ништа више; са њим, Јеврејином, поступали су као са свим другим ратним заробљеницима, Французима или Енглезима. У почетку, страховао је од шиканирања, али, зачудо, оно је бар у његовом логору, изостало. За немачког команданта био је само Раул Финстербуш, резервни официр, чије је име звучало можда јеврејски, али кога само због тога није било потребно посебно издвајати и према њему се посебно односити.

Пео се Немањином улицом носећи преко рамена платнену торбу са стварима са којима се у току рата сродио, али које му сада, у нормалним условима, неће бити потребне. Међу стварима са којима је провео дане неслободе налазила се и кожна футро-

121

ла за наочаре, коју му је одмах по ослобођењу поклонио Немац, чувар логора, са којим се спријатељио, и тиролска марама коју је у Салцбургу набавио за пакло америчких цигарета. Футролу је наменио мајци, мараму сестри.

Београд се већ увелико обнављао. Камиони и запрежна кола превозили су песак, цемент и цигле, а на неким зградама око железничке станице поправљале су се фасаде оштећене гранатама и мецима. Био је јуни, али гледајући старе оронуле трамваје и озбиљна лица пролазника, није осећао лепоту касног пролећа као у годинама пре рата, и пењући се Немањином, запитао се: да ли ће икада моћи да буде спокојан и срећан као некада?

Угледао је парк код *Мањежа*. Још му није био потпуно враћен пређашњи изглед. Рат је и њега изменио: велика рондела изгажена, незасађена цвећем, стазе неуређене. Но, и такав није одступао много од оног пре рата. Јабланови су можда били нешто виши, крошње липа разгранатије. Колико је часова провео у њему, седећи на клупи у сенци дрвећа, са књигом или новинама у руци, несвестан свега оног шта ће време да донесе!

Волео је у оно доба тишину паркова, те дивне оазе усред града, где се, како му се некада чинило, уз празан ход времена и присно дружење са природом успоставља контакт са нечим што је још дубље, драгоценије од ње. Затварао би тада очи, покушавао да докучи нешто изворније од шумова и тишине, допре до оног што се сазнаје брисањем свих мисли и осета. Додуше, бивао је тада свестан неостварљивости таквог настојања, али је и у том узалудном покушају бекства од времена и простора откривао извесну разоноду, ако не и известан смисао.

Покушавао је, видевши добро знане клупе или места на којима су некада биле, да поново призове ранија осећања, осети у себи све оно дивно брисање и нестајање. Но, узалуд. Сећање није ишчезло. Ишчезао је један део њега самог, можда оно најважније: више није био исти као некада, у томе је била ствар.

Истим путем, поред самог парка, силазио је уочи самог рата, одазивајући се позиву. Била је проглашена мобилизација, и он се, опростивши се од мајке и Вилме, журио на железничку станицу, не слутећи шта ће све рат да донесе и измени. Враћао се тек сада, уморан, узбуђен, жељан да се поново нађе у свету од којег су га више силе одвојиле. Остала је клупа, можда она иста, на којој је некад често седео. Сада су на њој били један старији седи мушкарац и млада, мршава жена. На другој, суседној, седела је постарија жена са књигом у руци. Људи се понашају као да рата уопште није било, и тај призор, та слика очуваног континуитета, охрабри га, испуни надом да се ништа битно није променило ни у његовом дому, који је још пре четири године оставио.

Слуте ли мајка и Вилма да их још свега пет минута дели од тренутка када ће се појавити на вратима стана? Колико их се пожелео! Мајку ће чврсто да загрли и неће је, онако ситну, лаку, пуштати сатима из руку, да би тим једним бескрајним загрљајем надокнадио све тренутке које му је заробљеништво сурово ускратило. Разнежи га и помисао на Вилму. Да ли је најзад одсекла оне своје смешне кике које је волео да повуче и чему се она без праве љутње противила? Потом га, по ко зна који пут, обузе немир, испуни страх и изрони сумња, са којима се у последње време све чешће сретао: да ли су мајка и сестра све ратне невоље и сва ратна искушења успеле без озбиљнијих последица да преживе?

У торби је носио сва писма која му је мајка током ратних дана слала. Истина, није их писала лично. Писала их је суседка Ивезић по диктату мајке која је још првих дана окупације повредила десну руку, тако да није могла да држи оловку. А Вилма, опет, није могла да је у писању замени, јер је била склоњена у неко село. Ипак, била су то мајчина писма, иако их њена рука није писала: само је она могла да се тако обраћа њему, само она да шкртим речима показује своју брижност и љубав. Очигледно, била је обазрива: избегавала је да пише о ситуацији код куће и у Београду, а ситуација за мајку и Вилму, Јеврејке, свакако да није могла да буде лака, пошто је једна од њих морала да се скрива у унутрашњости. Мајка није желела да му саопшти код кога се Вилма налази, али је слутио да то прећуткује једино из предострожности.

Ипак, писма су га само делимично умиривала: наслућивао је да мајка и Вилма проводе тешке дане, можда још теже него он у логору. Последње писмо га је умирило можда више од свих претходних. Примио га је прошог пролећа и између редова је схватио да се више нико у Београду, због честих напада америчких и енглеских бомбардера, не осећа сигурним, али да, упркос томе, веза са Вилмом није била прекинута. У том писму била је и једна повољна вест: мајка је писала како јој је рука осетно боље и да ће му, уколико се ништа непредвиђено не догоди, следеће писмо писати сама. На жалост, то писмо није стигло: Немци су се на свим фронтовима повлачили, а када је Београд био ослобођен, остао је без вести о томе шта се у њему збива.

Сумње и неизвесности су га мучиле, мада је био у повољнијем положају од осталих Јевреја у логору: за разлику од њих, бар је добијао писма и пакете од својих, а три пута за Песах чак и пакет у коме се налазио и мацес, који је мајка редовно за овај празник сама справљала и који је он са Пинтом, Коеном и Розенцвајгом редовно делио.

Од свих њих, Розенцвајг је био најзабринутији, јер је осим родитеља имао још четворо браће и сестара. Вероватно су у неком радном логору, покушавао је да убеди и себе и своје другове аргументацијом у чију вредност ни сам није много веровао. У сваком случају, нешто озбиљно је морало да се догоди Јеврејима у Београду и Србији, чим се од Пинтових и Коенових нико ниједном није јавио. Ипак, нису очајавали. Неизвесност је остајала, али мајчина писма била су за све њих још једина нада, једини преостали доказ да све Јевреје у Београду није морала да задеси најтежа несрећа.

Гарашанинова улица. Готово нетакнута, бар на први поглед: олистали дрвореди и фасаде првих кућа без видљивих трагова од шрапнела топовских граната и авионских бомби, и тек ту, испод густих високих крошњи осетио је радост пролећа, готово исту каква га је и пре рата обузимала.

Све исто, али и све некако другачије, рече поново у себи. И онда је, у близини Бирчаниновe, на удаљесности од непуних стотинак метара, угледао зграду која већ годинама испуњава и његов сан и његову јаву. Хвала Богу, бомбе је нису разориле! Била је то његова улица, његова кућа, његов свет, коме се коначно попут Одисеја враћао, и то сазнање убрза му кораке и испуни га неизмерном радошћу што ће мајка или Вилма да му за који тренутак отворе врата.

Као да више није владао својим ногама, као да су одједном престале да се повинују његовој вољи и почеле да га гоне напред уместо да се и даље подвргавају његовој команди. Заборавио је све: и одлазак у рат, и логор, и све оно што је за четири године преживео. Све је то одједном нестало под ударцима његовог срца, у обручу око груди, у топлини која га је читавог облила; тако испуњеном радошћу, учини му се да рат који је као мора остајао за њим није био можда ништа друго до неко чудно, ружно сећање на нешто што чак није морало да буде и истинито.

Готово у трку је улетео у кућу. Ни у њој се ништа није променило, ни узан хол са гаравим плафоном, ни полумрачно степениште, које је и сада, како је одувек имао утисак, мирисало на мемлу, ни тишина која га је подсећала на тишину празног храма. Претрчао је шеснаест степеница, број њему добро знан, да би се коначно нашао пред вратима што су га делила од простора где је једино могао да нађе свој прави спокој и своју праву срећу. Ту су, хтео је да ускликне, осетивши огромно олакшање када је на сјајним, мрким вратима угледао месингану плочицу са очевим именом: Оскар Финстербуш!

Притиснуо је звонце, али оно није радило. Онда је неколико пута куцнуо, очекујући са крајњим узбуђењем да зачује шкрипу кухињских или собних врата, потом бат ситних женских корака. Али, ништа се није чуло. Закуцао је још неколико пута, све дуже и све јаче, испуњен слутњом да се врата не би отворила и да о њих удара све до краја времена.

Нема их, помислио је, док се у њему на разрушеном постољу малопређашње радости рађала страхотна помисао: – Па, то је ћутање празнине, пустоши, смрти!. Али, у то не хтеде да поверује, па зато поче да очајнички стиснутом шаком удара о средину врата, попут човека коме ништа није преостало него да бесомучно удара о оно што га је делило од још последње наде у срећу, ма колико она била немогућа и нестварна.

Врата су се отворила, али не она пред којима је избезумљен и скрхан стајао. Била су то врата Ивезићкиног стана који се граничио са њиховим, Финстербушовим.

– Ти си, Рауле? Препознао јој је глас. Било је у њему и неке топлине и неке срдачности, али и неке туге која ничим није могла да се прикрије. – Уђи – наставила је, унутра ћу ти све објаснити!

Али, он се није мицао. – Где су мама и Вилма? – упитао је, не отпоздравивши јој и не показујући спремност да уђе све док му не каже шта се десило са мајком и Вилмом.

– Уђи само – инсистирала је Ивезићка.

Ушао је. И у том стану, у који је пре рата готово свакодневно улазио, све је било исто али и све некако другачије: велики црни, старински чивилук у предсобљу са крупним бронзаним кукама и великим овалним огледалом, трпезарија од махагонија, која је својим сјајем и својим стилом могла да подсећа на намештај древних, богатих Египћана, вели-

126

ки портрет у уљу мајке Ивезићкиног мужа, продуховљене старице густе, беле косе и финог, подужег носа.

Волео је Ивезиће, готово као своје најближе, али и они, лишени деце, њега и Вилму. Колико је пута за Божић, Ускрс и Светог Ђурђица, њиховог свеца, ручао управо у овој просторији, играо се као дечак на дебелом персијском тепиху док су Ивезићка и мајка проводиле часове у разговору. Али, сада је све то била прошлост, а суздржана туга на Ивезићкином лицу ништа друго до садашњост, немо признање да он нема ничему да се нада.

– Шта је са мамом и Вилмом? – запитао је поново, одбијајући да седне.

– Још се нису вратиле. Отишле су у Вашингтонову пола године после уласка Немаца. Одазвале су се њиховом позиву и од тада ни гласа о њима.

– Ни гласа! А она писма, они пакети?

Ивезићка, доста остарела, само је слегла раменима. Био је то њен једини одговор.

Желео је да јој каже: „Зашто сте ме обмањивали?" – осећајући се некако изиграним, заборављајући да је баш због такве лажи дане заробљеништва проводио са мање бриге и мање очајања. Уместо тога, рекао је. – Значи, Ви сте их писали? Писали уместо маме?

– Јесте, писала сам, али по Клариној жељи. Седи, молим те. Све ћу ти објаснити.

Послушао је, испражњен до краја: све до ових Ивезићкиних речи у њему је још било наде, а после њих преостало је још само безмерно очајање.

– Уочи одласка у Вашингтонову Клара ме је замолила да ти пишем у њено име, уколико сазнам где се налазиш. Све је била њена идеја: и повређена рука због чега није могла да ти пише, и Вилмин одлазак на село, и пакети са мацесом. А мацесе сам поред Кларе и ја још пре рата научила да правим. Има још нешто, Рауле: поверила ми је на чување сав новац и све драгоцености.

Устала је у намери да из друге собе донесе оно што му је мајка завештала.

– Не журите се са тим – рекао је, у подсвесној жељи да одгоди тај чин: све док се то не обави, чинило му се, постојала је нада да са мајком и Вилмом све још не мора да буде готово и да би оне однекуд ипак могле да искрсну. Најзад, одмах по ослобођењу сазнао је за логоре и гасне коморе, али и за то да сви Јевреји нису били уништени.

– Не очајавај, Рауле – Ивезићка је покушавала да га теши. – Прошле недеље, чула сам, вратио се неки Јеврејин, лекар. За све време налазио се у једном логору. Ко зна! Можда ће се и Клара и Вилма такође вратити!

Можда све још није изгубљено. Хтео је да поверује у чудо, иако свестан да вера у чудо, бар у његовом случају, није могла да буде ништа друго до пука самообана. Ипак ће их чекати, само ако издржи, ако још истог дана не дигне руку на себе.

– А стан? Зар га Немци нису узели и бацили очеву плочицу на вратима?

– Клара је плочицу пред одлазак сама скинула. Предала ми је на чување, а ја сам је после ослобођења вратила на старо место. За време рата стан су Немци реквирирали. Сада у једној соби борави неки брачни пар. Међутим, стан је твој. Молим те, сачекај: одмах се враћам.

Вратила се са сребрним ковчежићем, у којем је Клара Финстербуш држала своје личне и породичне драгоцености. Предала му га је без речи.

Поглед на ковчежић од масивног потамнелог сребра вратио га је за тренутак уназад, у године дечаштва, када је овај предмет био празан и као украс стајао на стилском сточићу у салону. Волео је да се игра са њим, да га отвара и у њега ставља кликере и стакленце, упркос благим опоменама мајке. Тек доцније, после очеве смрти, ковчежић је нестао са сточића пошто му је била додељена практичнија намена: мајка је одлучила да у њему скрива накит намењен Вилми када дође време за њену удају.

Беживотна хладноћа и тежина сребрног ковчежића који му се нашао у руци донекле га је освешћивала, доводила у стање које није могло да остане стање крајњег очајања. Као да га је тај хладан додир враћао свету, животу, обавезама, приморавао да устукне пред понором туге и самосажаљења и почне да схвата како би сада као последњи Финстербуш требало, упркос тако суровој несрећи, да настави своје борављење у свету и времену. Ковчежић га је подсетио и на судбину свих оних Финстербуша пре њега, на непрегледан низ предака који су једни другима у бескрајном ланцу преносили своје име и свој удес, своју вољу за опстанком и своју веру у последњи смисао њихове тако дуге и тако тешке историје. Уништити себе, помислио је, било би кукавичлук, ако не и издаја и свих Финстербуша и свих оних који су са њима делили од памтивека заједничку судбину, али и остати тако сам и даље свестан свега, свог пораза, своје самоће и страхоте пустоши у себи, осећао је, претешко је искушење, коме он можда неће моћи да се одупре.

Боже, само да издржим – рече себи, свестан да га Ивезићка са пуно саосећања и сажаљења посматра, али и свестан да је туга, упркос ковчежићу, почела у њему поново да надире, попут огромног претећег црног вала, што све пред собом немилосрдно руши.

САДРЖАЈ

Максимилијан Еренрајх-Остојић
ПОСЛЕДЊИ ШАБАТ

*

Главни уредник
НОВИЦА ТАДИЋ

*

Лектор
МИРОСЛАВА СТОЈКОВИЋ

*

Коректор
ДАНИЦА ВУКИЋЕВИЋ

*

Издавач
ИП РАД
Београд, Дечанска 12

*

За издавача
СИМОН СИМОНОВИЋ

*

Припрема текста
Графички студио РАД

*

Штампа
Спринт, Београд

CIP – Каталогизација у публикацији
Народна библиотека Србије, Београд

886.1-31

ЕРЕНРАЈХ-Остојић, Максимилијан
     Последњи шабат / Максимилијан Еренрајх-Остојић. –
Београд : Рад, 2000 (Београд : Спринт). – 129 стр. ; 21 cm.

ISBN 86-09-00671-9

ИД=82519308

www.ingramcontent.com/pod-product-compliance
Lightning Source LLC
Chambersburg PA
CBHW051730090426
42738CB00010B/2187